R. SRIRAM

WÜNSCHE DIR ALLES

ERWARTE NICHTS
UND WERDE
REICH BESCHENKT

Indische Philosophie für ein erfülltes Leben

Inhalt

Setz dich
für deinen
Wunsch ein!

Sei stolz auf deine
Verant-
wortung!

1

2

3

4

5

Vertraue auf deine
kreative Kraft!

Lass deine
Erwartungen
los!

Zum Nachschlagen

Vorwort

Was wäre, wenn Sie drei Wünsche frei hätten? Wie groß darf ein Wunsch sein? Reicht es, ihn auszusprechen, oder müssen wir etwas dafür tun? Wie können wir die Angst vor Enttäuschung loslassen und stattdessen zuversichtlich und selbstbewusst mit Wünschen umgehen?

Einfache und lebensnahe Antworten gibt die Bhagavadgita, eine 2000 Jahre alte wichtige Lehrschrift des Yoga. Sie ist der Kern meiner beratenden Arbeit als Yogalehrer und Inspiration für dieses Buch. Die Bhagavadgita lehrt: Sich etwas innig zu wünschen, sich mit ganzem Herzen dafür einzusetzen und dann den Wunsch loszulassen, ist ein sicherer Weg zu mehr Selbstbewusstsein und innerem Frieden. Sie half mir, Menschen zu motivieren, zu ihren Wünschen zu stehen, sich von Erwartungen zu lösen und letztlich Erfüllung zu finden. Möge dieses Buch auch Ihnen helfen, Ihre Wünsche und Ziele zu klären und zu realisieren.

R. Sriram

Über das
Wünschen

→ Das Wünschen ist der Anfang aller Kreativität. Wenn du dir etwas wünschst, dann tue das von ganzem Herzen, denn die Kraft des Wünschens ist mächtig. Sie lässt dich das Deine tun, um den Wunsch zu verwirklichen. Sie hilft dir, an dich zu glauben, loslassen und vertrauen zu lernen und so inneren Frieden und Erfüllung zu finden.

Wünsche dir
alles!

Das Leben ist ein Wunder. Es gibt uns fast alles, was wir uns wünschen. Nicht unbedingt sofort oder zum von uns bestimmten Zeitpunkt. Dennoch: Die Kraft des Wünschens ist immens und lässt im Laufe unseres Lebens viele Träume wahr werden. Anders als die Gier, die zu einer Falle werden und in Frustration enden kann, ist das Wünschen ein edles Recht, das uns Antrieb und Hoffnung gibt und das Leben lebenswert macht. Ob es um Gesundheit, materielles Wohl, beruflichen oder privaten Erfolg geht – wir können viele Wünsche Wirklichkeit werden lassen. Ist der Wille gepaart mit einer gesunden geistigen Einstellung, wird der Weg für die Wunscherfüllung frei.

Ich bin überzeugt: Wenn wir uns etwas VON GANZEM HERZEN wünschen, werden wir es bekommen. Diese Überzeugung war für mich selbst nicht nur eine Erfolgsformel, sondern auch eine Kraftquelle. Sie gab mir den Mut und die Zuversicht, schwierige Entscheidungen zu treffen oder Beziehungskonflikten zu begegnen. Oft verband sie mich mit einer inneren Lichtquelle, deren Schein meine wirren Gedanken durchdrang und alles wieder sortiert, ruhig und positiv wirken ließ. Dann fühlte ich mich mit meiner kindlichen Seele verbunden, die den Kosmos und seine Regeln akzeptiert, respektiert und liebt. In solchen Momenten wuchs auf schöne, uneitle Weise mein Selbstwertgefühl.

Wie Zuversicht entstehen kann

Wie können wir darauf vertrauen, dass innige Wünsche sich tatsächlich verwirklichen lassen? In meiner Heimat Indien wird das Wünschen sehr ernst genommen: Die Menschen gehen zu den Göttern in den Tempeln, zu Älteren, Lehrern, Heilern, Wahrsagern, Zauberern oder Hexen. Der inständig ausgesprochene Wunsch in Anwesenheit von jemandem, der nicht nur die Worte, sondern auch das Gefühl dahinter bezeugt, ist für sie ein wichtiger Schritt in Richtung Ziel. Sie fühlen sich angenommen, gewinnen Zuversicht und mehr Vertrauen in die eigene Kraft. Das Gefühl des Angenommenseins ist so wertvoll, dass das Begehren nachlässt und sie große Gelassenheit gegenüber ihren Vorstellungen entwickeln. Wer diese Gelassenheit gewinnt, nimmt seine Wünsche auf neue Weise wahr. Sie werden reell, greifbar und klar, damit rückt ihre Erfüllung näher.

Dies hat sich auch für mich und meine Arbeit als Yogalehrer in Deutschland als sehr hilfreich erwiesen, denn genau diese ENTSPANNTE, ABER RESOLUTE HALTUNG gegenüber den eigenen Wünschen ist für viele Menschen, mit denen ich hier in Europa arbeite, heilsam. Das hat sich in meiner über 30-jährigen Erfahrung als Yogalehrer, davon 22 Jahre in Deutschland, immer wieder bestätigt. Ein Großteil dieser Lehrtätigkeit fand als Privatunterricht statt, um besser auf die besonderen Bedürfnisse und Wünsche des Einzelnen eingehen zu können, was dem Stil meiner beiden Lehrer Sri T. K. V. Desikachar und Sri T. Krishnamacharya entspricht. Die Gespräche über Herzenswünsche und Ziele in meinen Unterrichtsstunden waren wichtig für die Entwicklungsprozesse, die ich in vielen Menschen ausgelöst habe.

So werden Wünsche wahr

Kein Ziel oder Wunsch ist falsch, nur sollten wir uns oft erst einmal die Voraussetzungen genau anschauen. Nehmen wir zum Beispiel den einfachen Wunsch, einen Fahrradschlauch aufzupumpen. Wenn der Schlauch einen Riss hat, hilft es nicht, kräftiger zu pumpen. Ähnlich vergeblich wird ein Lungenkranker versuchen, tief Luft zu holen. Sein Wunsch nach tiefem Atmen ist angemessen und realistisch. Aber wie kann er ihn verwirklichen, wenn er sich an eine verkrampfte Atemtechnik gewöhnt hat und sein Zwerchfell verspannt ist? Einer meiner ersten deutschen Schüler war ein Mann, der unter diversen Krankheiten seelischer und körperlicher Natur litt. Die Kurzatmigkeit aber war sein größtes Problem. Nichts wünschte er sich mehr, als endlich tief durchatmen zu können. Er hatte eine Vorstellung davon, wie sich ein guter Atem anfühlt. Diese Vorstellung war jedoch von seiner Asthmaerkrankung geprägt und folglich alles andere als richtig. Er musste erst einmal lernen, vollständig auszuatmen, denn nur durch das Loslassen der Luft konnte der Weg frei werden für eine tiefe Einatmung. Nur indem er seinen Wunsch losließ, wurde dessen Verwirklichung möglich. Auf diese Weise konnte er lernen, sein Thema so entspannt anzugehen, dass das Atmen wie im Normalfall von allein geschah.

Als Erstes geht es also um KLARHEIT darüber, was man wirklich will, sodass man die passenden Schritte dorthin festlegen kann. Zweitens geht es um eine GELASSENE, ZUVERSICHTLICHE HALTUNG, mit der man sich ausgerichtet, aber entspannt am Entwicklungsprozess beteiligt. Auf diese Weise werden Wünsche wahr.

Das Fundament für dieses Buch

Schon als stiller, unsportlicher Junge verbrachte ich viel Zeit damit, Menschen zu beobachten. Meine Wahrnehmungen fanden später ein solides Fundament in der »Bhagavadgita«, einem Buch über die Yogaphilosophie. Erstmals begegnete ich ihr in meiner Kindheit. Mein Großvater, den ich verehrte und fürchtete und der mit 102 Jahren als vitaler Mensch starb, las jeden Tag in diesem alten, in Sanskrit verfassten Werk aus dem 5. Jahrhundert v. Chr. Der Eifer und die Ehrfurcht, mit der er während seines morgendlichen Rituals laut aus dem Buch las, beeindruckten mich nachhaltig. »Was ist das für ein Buch?«, fragte ich mich damals. Als ich 30 wurde, studierte ich es schließlich selbst bei meinem Lehrer und lernte, es zu rezitieren. Dieses Werk ist eine wichtige Grundlage für den beratenden Teil meiner Arbeit.

Die Bhagavadgita

Sie ist eine der bekanntesten Schriften der alten indischen Kultur und neben dem Yoga-Sutra des Patañjali das wichtigste Buch über die Yogaphilosophie. In Form eines Dialogs zwischen einem Schüler (Arjuna) und seinem Meister (Krishna) vermittelt es, wie Spiritualität in den Alltag integriert werden kann. Der Meister in Gestalt des Wagenlenkers symbolisiert hier die göttliche Seele, die ihren Gast, der unterwegs auf dem Weg des Lebens ist, nur allzu gut kennt.

Die Geschichte von Arjuna

Prinz Arjuna gilt als der beste Kämpfer des Reichs. Eines Tages sitzt er in seinem Streitwagen auf dem Schlachtfeld, das Gefecht soll beginnen – doch plötzlich zweifelt er zutiefst am Sinn des Ganzen und will sich dem Kampf entziehen. Da wendet sich Krishna, sein Freund und Wagenlenker, an ihn und spricht, dass nun die Zeit gekommen sei, die Spiritualität in sein Leben und Tun zu integrieren. In einem liebevollen Gespräch überzeugt er Arjuna, dass dies der einzige Weg sei, die tiefen Lebenserfahrungen zu machen, die er suche. Und er offenbart ihm, wie er seinen innigen Wunsch nach Frieden verwirklichen kann, selbst wenn er mitten im Zentrum eines großen weltlichen Konflikts steht.

Weisheiten von großer Aktualität

Auch für moderne Menschen steht diese Frage an erster Stelle: Wie finde ich mehr Frieden in meinem Leben und werde im Alltag gelassener? Die Bhagavadgita gibt darauf nach wie vor gültige Antworten. Deshalb ist sie immer noch das wichtigste Buch für die meisten Gelehrten und Meister Indiens und ein oft zitierter Lebensratgeber. Mahatma Gandhi zum Beispiel bezog sich während seines politischen, sozialen und spirituellen Kampfes immer wieder darauf. Viele westliche Philosophen und Schriftsteller haben über den einmaligen Wert dieses Werks gesprochen – unter anderem der Philosoph Arthur Schopenhauer, der Wissenschaftler Wilhelm von Humboldt und der Schriftsteller Hermann Hesse. Heutzutage gibt es in allen indischen Großstädten täglich Vorträge über die Bhagavadgita. Sie sprechen unzählige Menschen an – junge, alte, einfache, wohlhabende, moderne und traditionell eingestellte Inder, die Erfolg im Leben und Beruf anstreben, Antworten auf soziale oder politische Fragen suchen oder Frieden im Familienleben vermissen. Die Vortragenden haben den Text im Sanskrit-Original studiert und wissen, wie sie ihn in moderner Sprache präsentieren und seine zeitlose Bedeutung erfahrbar machen können, denn das 2500 Jahre alte Werk ist hochaktuell!

Im vorliegenden Buch finden Sie viele Zitate aus der Bhagavadgita, zum größten Teil in meiner Übertragung. Vor allem aber basieren die Übungsschritte für einen erfolgreichen Umgang mit Wünschen auf der Bhagavadgita. Somit sind meine eigenen Lehr- und Lebenserfahrungen sowie die Bhagavadgita die Grundlage für dieses Buch.

Unsere vielseitigen Wünsche

Was sind das überhaupt für Wünsche, die wir im Leben haben? Und warum sehnen wir uns nach all dem? Laut indischer Philosophie geht es beim Wünschen letztlich um folgende vier Lebensbereiche:

Wünsche in Bezug auf die Tätigkeit

Jeder sucht nach Geltung und Selbstausdruck im Leben. Wir wünschen uns beruflichen Erfolg nicht nur, weil wir Geld und Komfort anstreben, sondern vor allem, weil wir anerkannt werden und unseren Platz in der Welt definieren möchten. Deshalb wünschen wir uns auch eine stabile Gesundheit: nicht nur, um leidensfrei zu leben, sondern um so vital zu sein, dass wir unsere Fähigkeiten kultivieren können.

Materielle Wünsche

Wir streben nach materiellen Gütern, um eine stabile und sichere Lebensgrundlage zu schaffen – für uns selbst, die Menschen, die mit uns leben, und unsere Nachkommen. Wir möchten unser Umfeld schön und komfortabel gestalten, um eine angenehme Atmosphäre zu kreieren, in der wir uns rundum wohlfühlen können. Ein typischer Wunsch ist der nach den eigenen vier Wänden, nach eigenem Grund und Boden, um sich zugleich frei und zugehörig zu fühlen.

Der Wunsch, zu lieben und geliebt zu werden

Wir sind gesellige Wesen, die vom ersten Tag an liebevolle Zuwendung und die Begegnung mit anderen Menschen suchen. Unser Überleben und Fortbestand sind davon abhängig. Mehr als alle anderen Kreaturen haben wir durch unsere Sprachen und einen differenzierten emotionalen Ausdruck eine ganze Welt von Kommunikationsmöglichkeiten geschaffen. Ein zärtliches, liebevolles Zusammenleben ist uns sehr wichtig. Der typische Wunsch ist hier der nach einem Partner oder einer Partnerin, mit dem oder der man sich auf der gleichen Wellenlänge körperlich, emotional und geistig austauschen kann.

Der Wunsch nach innerem Frieden

In Zeiten des Alleinseins – zum Beispiel wenn wir uns zu entspannen versuchen, allein unterwegs sind oder über uns nachdenken – wird uns manchmal klar, wie sehr wir uns nach innerem Frieden sehnen, nach Momenten der Ruhe und Stille. In solchen kostbaren Momenten können wir uns mit Lebensenergie aufladen und dem Sinn des Lebens näherkommen. Sie ermöglichen uns die Erfahrung, glücklich und angstfrei zu sein und uns mit der Welt verbunden zu fühlen. Dass solche Zustände jederzeit abrufbar sind, ist ein etwas verkannter, aber großer Wunsch von uns allen. Typisch dafür ist die Sehnsucht, den Frieden in und um sich in seiner ganzen Tiefe zu spüren.

Der Weg zur
Erfüllung
in fünf Schritten

Wünsche werden nicht wahr, bloß weil wir sie haben. Für ihre Erfüllung ist unser Zutun unerlässlich. Dabei sollten wir gar nichts erwarten. Wir müssen loslassen, dürfen aber dennoch sicher sein, dass wir Erfolg haben werden. Der Weg vom Wunsch zum Erfolg besteht aus fünf Schritten, die jeweils eine Weile begangen – und dabei geübt – werden sollten. DIESE FÜNF ÜBUNGSSCHRITTE GEBEN UNS HALT, SIND HILFREICHE BEGLEITER UND FÜHREN SICHER ZUM ZIEL. Sie sind in den folgenden Kapiteln ausführlich beschrieben. Meditative Übungen helfen uns, unsere Stärken und Schwächen aus einer klärenden Distanz zu sehen. Zahlreiche Fallbeispiele veranschaulichen, wie man die Übungsschritte ins Leben integrieren kann. Es sind Übungsschritte, die alle mit einer bestimmten geistigen Einstellung zum Leben zu tun haben. Sie sind einfach nachvollziehbar, erfordern jedoch, dass wir resolut und konsequent dabei sind. Sie bauen aufeinander auf, stärken sich aber auch gegenseitig im Übungsprozess. Das heißt, wenn Sie mit einem Übungsschritt nicht so gut zurechtkommen, den nächsten aber umso besser beherrschen, dann gibt das auch dem vorherigen Schritt mehr Kraft. In diesem Kapitel stelle ich Ihnen die fünf Schritte kurz vor, die Sie zu Ihrem Ziel führen können:

1 Formuliere deinen Wunsch! Alles steht dir offen.

2 Setz dich für deinen Wunsch ein! Du kannst es.

3 Sei stolz auf deine Verantwortung! Zu geben macht glücklich.

4 Vertraue auf deine kreative Kraft! Dein Potenzial ist grenzenlos.

5 Lass deine Erwartungen los! So erfährst du wahre Freiheit.

Formuliere deinen Wunsch!
Alles steht dir offen

JEDER KANN SICH JEDEN WUNSCH LEISTEN – fast jeden, bis auf irrationale Wünsche (ein Mann will schwanger werden) und jene, die anderen gegenüber unrecht sind (ich möchte bei dichtem Verkehr auf der falschen Spur fahren). Wenn es Menschen mit ihrem Wunsch wirklich ernst meinen, gibt es letztlich nur einen Unterschied zwischen ihnen: dass manche länger warten müssen als andere, ihren Wunsch erfüllt zu sehen. Ein Armer zum Beispiel wird wohl in der Regel länger dafür brauchen, reich zu werden, als ein Mensch aus einer wohlhabenden Familie. Das Gefühl, man bekomme nicht das, was man sich wünscht, ist meistens eine Unterschätzung des eigenen Werts. Wir glauben dann: »Ich bin nicht gut genug, um mir diesen Wunsch erlauben zu können.« An diesem Punkt sollten wir unbedingt aufhören, so zaghaft zu sein.

NIEMAND IST ZU SCHLECHT FÜR EINEN WUNSCH. Es ist nicht so, dass der Hässliche sich die Prinzessin nicht wünschen dürfte. Es hängt nicht von irgendwelchen Reserven ab, die wir, einem Guthaben ähnlich, auf dem Konto haben müssen, um uns einen Wunsch leisten zu können. Das Entscheidende beim Wünschen ist, dass wir wirklich wissen, was wir wollen, und dass wir es uns innig wünschen – unbeirrt davon, dass es scheinbar unrealistisch ist oder uns vermeintlich nicht zusteht. Dann bekommen wir es. In Anlehnung an eine alte indische Weisheit kann man sagen:

Was immer es ist, an das wir tief glauben –
wir werden es im Leben bekommen.

[Bhagavadgita, 9.25]

Wir können uns jeden Wunsch erlauben, solange wir es wirklich ernst meinen und bereit sind, uns dafür einzusetzen. So wird der Wunsch realistisch. Wer wirklich Berge versetzen will, dem gelingt das auch. Wir bekommen alles, was wir uns mit intensiver, meditativer Kraft wünschen – und wenn die Intensität unseres Wunsches groß genug ist, sogar viel mehr als das, was wir uns gewünscht haben. Das erinnert mich an eine Geschichte aus dem altindischen Epos »Bhagavatapuranam«, die man den Kindern in Indien gerne erzählt.

Weisheitsgeschichte

Ein Junge, der seine Mutter verloren hatte, musste um die Liebe seines Vaters kämpfen. Einmal rannte er zu seinem Vater und sprang glücklich auf dessen Schoß. Da kam seine Stiefmutter, drängte ihn fort und setzte ihren leiblichen Sohn auf den Schoß des Vaters, der den Älteren wieder einmal nicht in Schutz nahm. Fortan wusste dieser, was er wollte. »Ich wünsche mir, beachtet und anerkannt zu werden – von meinem Vater und von allen Vätern, heute und in Zukunft.« Er war unerschütterlich in seinem Wunsch. Er wollte in diesem Leben und auch in künftigen Inkarnationen nie wieder auf diese Weise verletzt werden.

Er verließ sein Zuhause, ging in die Wälder und versenkte sich unablässig in seinen Wunsch – über Hunderte von Jahren. Die Götter waren tief beeindruckt von seiner Beharrlichkeit. Schließlich verwandelten sie ihn in den Polarstern und gaben ihm den Namen Dhruv. Von nun an war dem kleinen Dhruv die Aufmerksamkeit aller Väter zu allen Zeiten gewiss. In Indien wendet sich nämlich jedes Brautpaar beim Hochzeitsritual an den Polarstern und schwört, genauso standhaft zu sein wie er. Zudem wird er als Konstante im Kosmos verehrt, an der sich nicht nur Reisende orientieren, sondern auch Seelen auf dem Weg zur Erlösung.

Wünsche gehen oft nur deshalb nicht in Erfüllung, weil wir nicht wirklich wissen, was wir wollen, weil sie zu vage sind. Wir wollen einen tollen Job, sind aber nicht sicher, ob uns ein bequemes Leben nicht wichtiger ist. Wir wollen ein schönes Haus besitzen, scheuen aber auch die Verantwortung, die damit verbunden ist. Wir möchten einen wahren Meister finden, der uns Lebensweisheit vermittelt, sind aber nicht sicher, ob wir so jemandem wirklich folgen würden. Doch wer sich nachhaltig eine gute Karriere wünscht und daran auch fest glaubt, wird sie machen. Wer sich nach Frieden in seinem Zuhause innig sehnt und ihn klar visualisiert, findet ihn auch.

Setz dich für deinen Wunsch ein! Du kannst es

Wir haben alle die Kraft, unsere Wünsche wahr werden zu lassen. Das Erwünschte wird allerdings nicht vom Himmel fallen, sondern wir wirken daran mit, dass es sich erfüllt. Zwei Dinge müssen wir auf jeden Fall dafür tun: erstens absolut klar formulieren, was wir genau wollen; zweitens all das in die Tat umsetzen, was wir unsererseits für die Realisierung tun können. Die KOMBINATION VOM GLAUBEN AN DIE SACHE UND EINEM BEHARRLICHEN STREBEN wird es ermöglichen, dass der Wunsch Gestalt annimmt.

Wir können uns nicht einfach zurücksetzen, die Arme verschränken und sagen: »Ich habe es mir gewünscht« – und erwarten, dass ein Wunder geschieht. Ohne Aktion gibt es keine Reaktion. Jedes Ergebnis verlangt eine Tat, die ihm vorausgeht. Kein Wunsch wird erfüllt, wenn wir nur auf Hoffnung und Glück bauen und dabei untätig bleiben. Aber keine Sorge! Kein Mensch ist in der Lage, lange ruhig und untätig zu bleiben, sagt die Bhagavadgita. Denn wir sind von unserem Wesen her aktiv und nicht dafür gemacht beziehungsweise nicht einmal dazu fähig, einfach stillzusitzen, wenn wir etwas wollen.

Schon als Neugeborene haben wir uns aktiv aus dem Mutterleib hinausbewegt. Wurden wir per Kaiserschnitt geboren, haben bestimmt viele Menschen die Arbeit für uns übernommen. Wir würden also gar nicht geboren werden, geschweige denn überleben, wenn wir nicht aktiv werden. Wir könnten uns nicht einmal richtig entspannen, wenn wir nicht aktiv und bewusst etwas gegen die innere Unruhe täten, indem wir zum Beispiel unsere Gedanken oder unseren Atem beruhigen. Wir würden im Übrigen unsere ganze Kraft und Energie verlieren, wenn wir immer vor dem Handeln zurückscheuten und lieber den Dingen ihren Lauf ließen in der Hoffnung, dass dabei zufällig auch unsere Wünsche erfüllt werden.

Wenn uns jedoch ein Wunsch zum Handeln motiviert, vertreiben wir damit Langeweile, Zweifel und depressive Stimmungen, und unser Tun bekommt einen Sinn und eine klare Ausrichtung. Das wiederum stärkt die Zuversicht in uns, dass der Wunsch realistisch ist und in Erfüllung gehen kann.

Weisheitsgeschichte

Ein Reisender in der Wüste legte sich nachts nieder und wünschte sich, dass ihm sein Kamel nicht gestohlen würde. Deshalb wandte er sich an Gott und sprach seinen Wunsch aus. Da hallte es durch die Wüste: »Ja, bitte binde du dein Kamel an einen Pfosten, ich mache meinen Teil.«

Wenn also die Frage auftaucht: »Kann ich mir denn meine Wünsche erfüllen?«, lautet die eindeutige Antwort: »Ja, das kannst du!« – unter folgenden Bedingungen:

→ Formuliere den Wunsch klar und eindeutig.

→ Mache ihn dir immer wieder bewusst, und tue etwas dafür, dass er in Erfüllung gehen kann.

Sei stolz auf deine Verantwortung! Zu geben macht glücklich

Warum zögern wir, uns alles zu wünschen, was wir wollen? Wenn ein Wunsch in Erfüllung geht, ist das wie ein Kind zu bekommen. Wir müssen Verantwortung übernehmen. Wer einen Kinderwunsch hat, ist glücklich, wenn das Kind kommt, muss danach aber viel für das Wohl des Kindes tun und da sein, wenn es ihn braucht.

Wir müssen in ähnlicher Weise bereit sein, Verantwortung zu übernehmen, damit unser Wunsch wahr werden kann. Weil wir aber vor Verantwortung oft zurückscheuen, zögern wir, echte Wünsche zu äußern. Da hilft es, sich klarzumachen: Jede Wunscherfüllung ist wie ein Geschenk, das uns zu einer gewissen Dankbarkeit verpflichtet. Wir sind nicht allein deshalb auf der Erde, um Geschenke zu empfangen, sondern auch, um Geschenke zu verteilen. Der folgende Gedanke sollte zu einer täglichen Affirmation werden, damit wir das nicht vergessen: »Zu schenken macht ebenso viel Freude, wie Geschenke zu empfangen. VERANTWORTUNG ZU TRAGEN IST, WIE GESCHENKE ZU MACHEN.« Wir sollten uns auf die Verantwortung freuen, die unsere Wünsche mit sich bringen! Verantwortung weist uns eine klare und konkrete Aufgabe zu. Sie macht unserem Umfeld klar, wo und wozu wir stehen. Wenn wir Verantwortung übernehmen, gewinnen wir die Wertschätzung anderer. Sie stärkt damit unser Selbstwertgefühl und macht uns glücklicher.

Wer die Suppe für sich **allein** kocht,
wird sie nicht so genießen wie jener,
der die Suppe **mit anderen** teilt.

[Bhagavadgita 3.13]

19

Weisheitsgeschichte

Ein guter Mensch kommt ins Paradies und wird dort zu einem himmlischen Abendessen empfangen. Er setzt sich an einen großen runden Tisch, wo alle schon auf seine Ankunft warten. Er beginnt zu essen und merkt zu seinem Schrecken, dass seine Schulter völlig steif geworden ist und er die Hand nicht zum Mund führen kann. Stattdessen geht seine Hand in Richtung des Mundes seines Tischnachbarn. Plötzlich geschieht das Wunder, dass jeder das gleiche Problem hat. Alle sind aktiv beim Essen, aber keiner nimmt das Essen für sich selbst, sondern jeder bedient den Nachbarn – und es geht auf!

Vertraue auf deine kreative Kraft! Dein Potenzial ist grenzenlos

Wir sind mit Sicherheit in der Lage, unserer Verantwortung gerecht zu werden. Es ist nicht nötig, sie als schwere Bürde zu empfinden. Das ist sie nicht! Denn wenn wir uns etwas aus tiefster Seele wünschen, werden wir auch die Kraft und die Fähigkeit entwickeln, der entsprechenden Verantwortung gerecht zu werden. Darauf können wir uns verlassen! So weit sollten wir uns selbst unbedingt vertrauen! Dann können wir in Bezug auf den Wunsch gelassen bleiben und müssen nicht ungeduldig oder nervös werden. Allein wegen dieser inneren Ruhe lohnt es sich, fest an die eigenen Fähigkeiten zu glauben und sein Selbstvertrauen zu nähren.

NIEMAND IST ZU KLEIN FÜR EINEN GROSSEN WUNSCH.

Es ist verheerend, wie oft die großen Wunschträume der Kinder von sogenannten realistischen Erwachsenen einfach zerstört werden. Dabei vergessen sie, dass jeder Mensch ein weit größeres Potenzial hat, als er in der Regel innerhalb eines Lebens ausschöpfen kann.

Als Erwachsene müssen wir also erst recht aufstehen und unseren Zweifeln ein Ende setzen.

Wenn wir uns selbst nicht so viel zutrauen, dann brauchen wir eben Kräfte oder Menschen, die unser Vertrauen stärken. Sehr inspirierend kann es zum Beispiel sein, sich in der Natur umzuschauen. Wir müssen nur einmal ganz entspannt ein paar Minuten lang ein kleines Tier bei der Arbeit betrachten, eine Spinne etwa oder eine Ameise. Dann wissen wir schon, wie mächtig »klein« sein kann! Auch ein Mensch, zu dem wir aufschauen und der für uns vorbildhaft ist, kann unser Selbstvertrauen stärken. Wenn ein solcher Mensch an uns glaubt und wir sein Vertrauen zu uns spüren, bleibt er für uns nicht nur ein Vorbild, sondern kann uns auch sehr motivieren. Hierzu möchte ich eine Begebenheit aus meiner Kindheit schildern.

Wie es hilft, wenn jemand uns etwas zutraut

Als ich noch ein Schuljunge war, besuchte ich in den Ferien meine Großeltern auf dem Lande. Sie wohnten in einer ruhigen Straße zwischen einem Tempel und einem Fluss. Eines Tages wurden zwei Tonkrüge für ein großes Ritual vorbereitet. Es waren wertvolle, dekorierte Gefäße. Mit diesen wurde das Wasser für die Opfergaben in den Tempel gebracht. Nun sollte ich einen Krug im Fluss mit Wasser füllen und zum Priester im Tempel tragen. Ich war stolz auf die Aufgabe und wollte mein Bestes geben. Da der Weg zum Fluss aber steinig war, musste ich aufpassen, dass ich nicht stolperte und den Krug zerbrach. Außerdem war ich noch recht klein für den schweren Wasserkrug.

Was wir mit großem Vertrauen erbitten, das werden wir bekommen.

[Bhagavadgita 7.21–22]

»Ich habe ja zwei Chancen!«, rief ich laut, da zwei Krüge dort standen. »Nein, du bekommst nur eine Chance. Der andere Krug ist für den morgigen Tag, und du wirst heute deine Aufgabe gut erledigen!«, kam die strenge Stimme meines Großvaters zurück. Ich glaubte seinen Worten, vertraute mir selbst, passte auf – und es gelang mir.

5 Lass deine Erwartungen los! So erfährst du wahre Freiheit

Glück ist nicht käuflich. Über Glück können wir nicht verfügen. Es ist nichts, das wir für uns pachten können. Wir freuen uns darauf, Glück zu haben, aber wissen zugleich: Wir können nie ganz sicher damit rechnen, dass es kommt. Wenn wir von »Glück« reden, meinen wir ja normalerweise auch, dass wir entweder sein Eintreffen nicht erwartet haben oder uns dessen nicht gewiss waren. ES LIEGT NICHT IN UNSEREN HÄNDEN, DASS UNS GLÜCK BESCHERT WIRD. Wir können es nicht bestellen. Das ist genauso wie bei Geschenken. Wir können uns zwar etwas besorgen, sprich: uns selbst Geschenke machen – aber das Gefühl ist doch anders, als wenn wir ein echtes Geschenk von jemand anderem bekommen. Auf jeden Fall ist die Freude beim Empfang eines Geschenks nicht so groß, wenn wir es »bestellt« haben!

Ähnlich ist es mit dem Glücksgefühl, wenn unsere Wünsche erfüllt werden. Das Geschenk dieses Glücks wird uns – von woher oder wem auch immer – zuteil. Wir können das nicht wirklich selbst steuern, können unsere Wünsche letztlich nicht selbst erfüllen, weil Erfolg nicht hundertprozentig kalkulierbar, geschweige denn manipulierbar ist. Wir können ihn nicht herbeizwingen. Egal was wir machen, er wird seine eigenen Wege zu uns finden. Deshalb müssen wir unsere Wünsche loslassen und uns frei machen von der ungeduldigen Erwartung, dass sie in Erfüllung gehen.

> Wenn wir uns bezüglich unserer Taten
> ## von Erwartungen lösen,
> werden wir **innerlich frei.**
>
> [Bhagavadgita 2.51]

Wir üben uns also in Geduld und lassen in uns die Gewissheit walten, dass es in der Natur der angemessenen Wünsche liegt, in Erfüllung zu gehen. Das Geschenkpaket kommt bestimmt. Spätestens dann, wenn wir es nicht mehr erwarten! Das ist kein kleiner Trost, sondern eine große Befreiung. Denn es ist die Erwartung, die uns gebannt und angespannt sein lässt und damit die Glücksfeen vertreibt.

Manchmal hilft Ablenkung …

Ein Freund von mir hatte gerade ein Jahr in seinem Beruf gearbeitet, als er seine Stelle als Elektrotechniker verlor, weil die Fabrik geschlossen wurde. Sein Studium hatte er mit guten Noten abgeschlossen, er war ein wirklich fähiger Ingenieur und von angenehmem Wesen. Er suchte lange einen neuen Job, hatte Geldsorgen, weil er seine Familie unterstützen musste, wurde aber jedes Mal trotz seiner guten Voraussetzungen spätestens beim Vorstellungsgespräch abgelehnt.

Auf dem Weg zu einem neuen Bewerbungstermin besuchte er mich einmal. Ich war gerade sehr in Sorge, weil unser Hund verschwunden war. Er sah, wie bedrückt ich war, sagte, ihm sei das Interview egal, und ging mit mir auf Hundesuche. Nach gut einer Stunde fanden wir den Hund glücklicherweise wieder. Da meinte mein Freund, er könnte nun vielleicht doch noch rechtzeitig zu seinem Termin kommen, und schaffte das auch gerade eben so. Diesmal hatte er gar keine Gelegenheit gehabt, sich vor dem Gespräch groß unter Druck zu setzen. Wahrscheinlich bekam er deshalb den Job!

Die fünf Schritte
in der Praxis

Wünsche zu haben, ist ein positives Zeichen. Es zeigt, dass wir unser Leben bejahen und optimistisch in die Zukunft sehen. Wünsche können deshalb die Entwicklung unserer Persönlichkeit fördern und nicht nur zu äußerem Erfolg, sondern auch zu innerem Frieden führen. EIN SICHERER UND GANZHEITLICHER WEG dorthin führt über die fünf Schritte: sich trauen, seine Wünsche zu formulieren; sich aktiv für sie einsetzen; Verantwortung übernehmen; auf die eigene Kraft vertrauen; Erwartungen loslassen. Trauen wir uns also endlich, an uns selbst zu glauben und unsere Wünsche zu äußern, uns um sie zu kümmern und schließlich das Ergebnis gelassen anzunehmen.

Schritt für Schritt zur Erfüllung

Wenn Sie einen Wunsch frei hätten, wie würde er lauten? Lassen Sie sich von den folgenden Beispielen zum aktiven Wünschen motivieren.

»Ich wünsche mir Erfolg bei einer Bewerbung!«

Ob es um ein Bewerbungsgespräch für eine neue Arbeitsstelle geht, um eine Gehaltsverhandlung oder um ähnlich wichtige Gespräche und Auseinandersetzungen – die fünf Schritte werden Ihnen helfen, Ihr Bestes zu geben.

1 Nehmen Sie Ihren Wunsch ernst! Machen Sie sich klar, warum Sie für die neue Stelle bestens geeignet sind. Vollziehen Sie auch den Standpunkt Ihres Gesprächspartners nach, sodass Sie genau wissen, wofür oder wogegen Sie argumentieren müssen. Wenn Sie von Ihren Qualifikationen überzeugt sind und kritischen Fragen gelassen standhalten, machen Sie bestimmt einen guten Eindruck!

2   Freuen Sie sich im Voraus auf das Gespräch! Bereiten Sie sich sorgfäl-
    tig vor. Schwächen Sie Ihre Vitalität nicht durch Ängstlichkeit: Mit
    Beharrlichkeit und Überzeugung werden Sie mehr punkten als mit
    fehlerfreien Antworten. Akzeptieren Sie Ihre Grenzen mit Würde,
    dann kommen Ihre Vorzüge mehr zur Geltung, Sie können einfach
    Sie selbst sein und auf sympathische Weise selbstbewusst wirken.

3   Machen Sie sich Gedanken über die Verantwortung, die die Arbeits-
    stelle mit sich bringt, und zeigen Sie, dass Sie diese gern übernehmen
    wollen. Sie beweisen damit echtes Interesse an der Aufgabe, dass Sie
    zuverlässig sind und gern mit anderen zusammenarbeiten.

4   Denken Sie positiv. Bestimmt gibt es Kräfte, Dinge oder Menschen,
    die Sie besonders inspirieren: Verbinden Sie sich im Herzen mit einer
    Instanz, die Sie freudig und optimistisch stimmt. Finden Sie zu inne-
    rer Ruhe, indem Sie sich in der Stille auf Ihre innere Kraft fokussieren.

5   Ihr Leben ist größer als die Gehaltserhöhung oder Arbeitsstelle! Be-
    freien Sie sich also vom Erfolgsdruck. Richten Sie sich auf Ihr Ziel aus,
    indem Sie sich sagen, dass Sie die Herausforderung gern annehmen.
    Sie wirken glücklicher, wenn Sie das Glück nicht erzwingen wollen.

»Mein größter Wunsch ist es, Druck und Angst loszuwerden und Ruhe und Frieden zu finden.«

1   Sprechen Sie Ihren Wunsch häufig aus, insbesondere in Momenten,
    da Frieden einkehren kann – zum Beispiel, bevor Sie schlafen gehen
    oder stille Übungen machen. Damit stärken Sie ihn. Formulieren Sie
    ihn frei von negativen Assoziationen, zum Beispiel so: »Mein größter
    Wunsch ist es, mich sicher zu fühlen und inneren Frieden zu finden.«

2   Frieden ist ein Zustand, den nur wir selbst erschaffen können. Lernen
    Sie, sich aktiv für den Frieden einzusetzen. Wenn etwa Ihr Partner
    oder Chef cholerisch reagiert, stellen Sie sich der Auseinandersetzung,
    bleiben aber ruhig und höflich. Sie lassen sich nicht in die aggressive
    Stimmung hineinziehen und stehen gelassen zu Ihrem Wunsch.

3   Wenn der andere abwehrend und unfreundlich reagiert, lassen Sie
    sich davon nicht beeindrucken. Im Gegenteil, stehen Sie mutig zu Ih-
    rem Entschluss, und tragen Sie bereitwillig die Konsequenzen. Ver-
    trauen Sie darauf, dass der Frieden letztlich eine größere Anziehungs-
    kraft hat als der Streit und dass alle von ihm profitieren werden.

4   Lesen und reflektieren Sie über den Frieden. Üben Sie sich darin, in-
    dem Sie bewusst wahrnehmen, wie ihn die Natur, die Stille oder fried-
    fertige Menschen widerspiegeln. Lernen Sie, den inneren Druck auf
    sanfte Weise über Ihren Atem zu lösen und dabei zur Ruhe zu kom-
    men. Das stärkt Ihr Vertrauen in den Frieden und Ihr Selbstvertrauen.

5   Sie haben ein schönes Ziel. Achten und lieben Sie die Ruhe und den
    Frieden als ehrenhafte Werte; und erwarten Sie nichts weiter. Jede Er-
    wartung würde lediglich dazu führen, dass Sie Ihren ursprünglichen
    Wunsch undeutlicher wahrnehmen und ihm damit die Kraft nehmen.

»Ich habe gesundheitliche Probleme und wünsche mir mehr Widerstandskraft.«

Gesundheit hat mehr mit Wohlgefühl zu tun als mit ärztlichen Befun-
den. Indem wir für unser Wohlbefinden sorgen und die inneren Heilkräfte mobilisieren, sorgen wir am besten für unsere Gesundung.

1   Schauen Sie weniger auf Ihre Symptome, sondern konzentrieren Sie
    sich mehr auf Ihre körperliche und emotionale Widerstandskraft, auf
    die Stärkung Ihrer Selbstheilungskräfte. Informieren Sie sich umfas-
    send, und werden Sie offen für alles, was die Heilung fördern kann.

2   Bündeln Sie Ihre Kräfte, um alle sinnvollen hilfreichen Maßnahmen
    zu ergreifen – seien es Diät, Therapien oder Heilmittel. Übernehmen
    Sie sich aber nicht, sondern respektieren Sie Ihre Grenzen. Befreien
    Sie sich von der Angst, das Falsche zu tun, indem Sie achtsam bleiben
    und die Entwicklung Ihres Zustands subjektiv beurteilen.

3   Lassen Sie die Menschen in Ihrem Umfeld wissen, wie ernst es Ihnen
    damit ist und was Sie motiviert. Sehen Sie alles, was Sie für Ihre Ge-

sundheit tun, nicht als Bürde, sondern als positive Erfahrung. Dann kann Ihre konsequente Haltung sogar andere Menschen inspirieren.

4   Verbinden Sie sich mit der Natur, dem größten Heiler. Nehmen Sie die Kraft auf, mit der sie nach jedem Rückzug wieder aufblüht. In der Natur ist alles im Fluss. Tägliche Atemübungen werden Ihnen helfen, innere Blockaden aufzulösen und zur eigenen Mitte zu finden.

5   Fokussieren Sie sich auf den aktuellen Schritt und dessen Wirkung und nicht auf die medizinischen Befunde. Das wird Ihnen helfen, Ihrem subjektiven Gesundheitsempfinden immer mehr zu trauen und immer weniger Angst vor den Symptomen zu haben. Dann können sich Ihre inneren Heilkräfte am besten entfalten.

So hilft dieses Buch beim Wünschen

Wenn Sie viele Wünsche haben, beginnen Sie mit dem, der besonders aktuell und wichtig ist, und gehen Sie Schritt für Schritt vor:

→   Lesen Sie am besten zuerst das ganze Buch. Jedes Kapitel ist einem Schritt gewidmet und bietet jeweils fünf Vorschläge dazu. Notieren Sie sich, was Ihnen leicht vorkommt, also einer Ihrer Stärken entspricht, und was eher schwierig wirkt, also eine Ihrer Schwächen spiegelt.

→   Beschäftigen Sie sich dann intensiv mit Kapitel eins, und wählen Sie einen leichten und einen herausfordernden Vorschlag aus. Das, was Ihrer Stärke entspricht, verankern Sie tief in Ihrem Bewusstsein, indem Sie es wie eine Affirmation mehrmals täglich innerlich wiederholen. Mit dem Vorschlag, der Ihnen eher schwerfällt, setzen Sie sich bewusst auseinander, indem Sie sich immer wieder von den Geschichten, Beispielen, Zitaten und Übungen im Kapitel inspirieren lassen.

→   Wiederholen Sie dies mit den anderen vier Schritten genauso, aber lassen Sie sich für jeden ausreichend Zeit (Seite 14).
Bereichern Sie so Ihr Leben mit Ihrem Wunsch – und lernen Sie dabei das Loslassen. Der Erfolg kommt unangemeldet!

Formuliere
deinen Wunsch!

1

→ Alles steht dir offen! Der erste Übungsschritt besteht darin, sich zu entscheiden und seinen Wunsch klar zu benennen. Um diesen Schritt mit ganzem Herzen tun zu können, hilft es, folgende fünf Dinge zu üben: Die Entscheidungsfähigkeit trainieren. Die Augen offen halten. Genau sagen, was man will. Erst sich selbst gefallen, dann den anderen. Die persönliche Motivation herausfinden.

Trainiere es,
Entscheidungen
zu treffen!

Nur selten erleben wir einen Moment, in dem wir wirklich wunschlos glücklich sind. Manchmal gibt es Momente, in denen wir zwar behaupten, dass wir gar nichts möchten oder brauchen. Oft drücken wir uns jedoch nur mit dieser verlockenden, aber fragwürdigen Ausrede vor einer Entscheidung. Wir glauben, wenn wir keine Wünsche haben, müssen wir auch nichts entscheiden. Das Problem ist nur: Wer angeblich keine Wünsche hat, lässt alles auf sich zukommen. Dann wird das Leben entweder schwierig, weil ständig unangenehme Dinge passieren, oder farblos, weil nichts Angenehmes geschieht.

Sich etwas zu wünschen, macht uns hingegen lebendig. Es stimmt uns positiv auf die Zukunft ein. Es regt uns an, am Leben teilzunehmen und der Welt mit offenen Augen zu begegnen. Man kann ohne Weiteres behaupten, dass es unsere Wünsche sind, die uns vital und jung im Herzen halten, und insofern können wir froh sein um die Wünsche, die wir haben. Also: Raus mit den geheimen und weniger geheimen – beziehungsweise bewussten und weniger bewussten – Wünschen!

Was ist dein Wunsch?
Entscheide dich!

Verlange nicht beides, Rahm und Butter! Wer einen Wunsch hat, muss sich entscheiden! Das kennen wir alle seit unserer frühesten Kindheit, als wir zwischen verschiedenen Süßigkeiten wählen mussten. WIR MÜSSEN ZU VIELEM »NEIN« SAGEN, UM ZU EINEM »JA« SAGEN ZU KÖNNEN.

In der Regel ist eine klare Entscheidung notwendig, um einen Wunsch klar formulieren zu können. Deshalb ist die Fähigkeit, eindeutige Entscheidungen zu treffen, der erste Schritt. Diese Fähigkeit ist auch die wichtigste Tugend für jede Art von Erfolg.

Entscheidungen schärfen unser Selbstbild

Mit jeder klaren Entscheidung tun wir kund, was wir wollen, was unsere Prioritäten sind, auf was es uns ankommt und schließlich, wer wir sind. Mit Entscheidungen definieren wir folglich unser Selbstbild. Nehmen wir an, Sie bekommen eine berufliche Aufstiegschance, wenn Sie sich in eine neue Stadt versetzen lassen.

a) Sie sagen Ja zur Versetzung, weil Sie einen besseren Job und ein höheres Gehalt bekommen, weil Sie merken, dass ein neues Lebensumfeld für die Kinder und die Familie gut ist, und weil Sie vermuten, dass ein solcher Wechsel zu einem späteren Zeitpunkt im Leben anstrengender wird. Sollten Sie eines Tages an Ihrer Entscheidung zweifeln, denken Sie daran, dass Sie ein Mensch sind, für den Veränderung wichtig ist, und dass die Überzeugung, das Neue werde für Sie und Ihre Familie gut sein, Ihre Entscheidung mit beeinflusst hat.

b) Sie sagen Nein zur Versetzung, weil Sie das Arbeitsklima dort, wo Sie jetzt tätig sind, schätzen, weil auch Ihr Partner einen guten Job hat und Ihre Kinder sich wohlfühlen in ihrer Schule. Rufen Sie sich später gegebenenfalls ins Bewusstsein zurück, dass ein höheres Gehalt für Sie im Leben nicht entscheidend ist und dass Sie dem guten Umfeld im Beruf und im Privaten einen hohen Wert beimessen.

Wenn Ihnen Ihre Beweggründe ganz bewusst sind, werden Sie Ihre Entscheidung nicht unnötig infrage stellen, auch wenn sich manches anders entwickeln sollte als erhofft. Denn Sie haben definiert, was für Sie derzeit wichtig ist, welche Werte und Ziele Sie haben. Alle Lebenssituationen, in denen wir eine Entscheidung treffen müssen, sind somit auch Gelegenheiten, unser Selbstbild zu schärfen.

Unentschiedenheit ist ein Problem

Bleiben wir hingegen unentschieden, leidet darunter unser Selbstbild. Wenn Sie zum Beispiel Mitglied einer Familie sind, in der eine Entscheidung wie die vorhin beschriebene von allen Erwachsenen gemeinsam getroffen wird, sind Sie für die Konsequenzen mitverantwortlich. Wenn Sie aber die Entscheidung nicht ganz klar und bewusst mittragen, kann es sein, dass Sie die veränderte Lebenssituation allmählich infrage stellen und Unmut entwickeln: einerseits, weil Ihnen die neue Situation nicht gefällt und Sie nichts Klares, Bewusstes dagegenzusetzen haben, und andererseits, weil Sie die Gelegenheit nicht genutzt haben, Ihren eigenen Standpunkt deutlich zu machen und dabei auch klar zu definieren, was Ihnen im Leben wichtig ist.

Unentschiedenheit ist aus zweierlei Gründen problematisch:

→ Wenn unangenehme Folgen drohen, haben wir keine Argumente, um uns zu wehren.

→ Wir haben eine Chance verpasst, unseren Standpunkt zu definieren.

Entscheidungskraft und Selbstbild

Sich entscheiden zu können, ist nicht nur eine erstrebenswerte Eigenschaft, sondern auch eine notwendige Fähigkeit. Entscheidungen bieten uns die Gelegenheit, zu definieren, wer und wie wir selbst sein wollen. Unentschiedenheit führt nicht nur dazu, dass wir die Last einer ungelösten Aufgabe mit uns herumschleppen, sondern wir verlieren durch das unklare Selbstbild auch allmählich die Selbstachtung, was letztlich zu Depressionen führen kann. So entsteht ein TEUFELSKREIS: Wenn wir uns mit Entscheidungen schwertun, treffen wir immer seltener welche. Das heißt, die Unentschiedenheit wird mit der Zeit zur Gewohnheit und damit zu einem Dauerproblem. Die Entscheidungsfrage liegt dann ständig wie ein Schleier über uns und benebelt uns regelrecht.

Unentschiedenheit macht missmutig, schwächt uns körperlich und raubt uns die innere Ruhe. Somit bringt sie uns in eine gefährliche Gemütslage. Das zeigt folgendes Beispiel.

Unentschiedenheit raubt uns die innere Ruhe

Eine Frau Mitte dreißig, die sehr beweglich war, aber große Rückenschmerzen hatte, lernte bei mir Yoga. Sie führte die Übungen regelmäßig zu Hause durch, ihr Rücken wurde kräftiger, und die Beschwerden gingen zurück. Nach einigen Jahren kam sie wieder zu mir in den Yogaunterricht. Ihre Rückenbeschwerden waren ganz massiv zurückgekehrt, und sie hatte funktionelle Herzbeschwerden entwickelt. Nach einem Krankenhausaufenthalt war sie jetzt wieder zu Hause.

Sie hatte ihren Kinderwunsch nicht erfüllen können, schaffte es aber nun nicht, sich für eine Adoption zu entscheiden. Das Thema Kind und Adoption nahm einen großen Raum in ihrem Alltag ein, und sie hatte über mehrere Jahre zwischen Ja und Nein geschwankt. Jetzt war sie 38 Jahre alt und begriff, wie stark der ungelöste Konflikt an ihrer Kraft gezehrt hatte und dass sie sehr bald eine klare innere Entscheidung fällen musste. Während der Stunden des Austauschs und der Beobachtung von Atem und Körper im Unterricht zeigte sich, dass sie nicht nur pessimistisch geworden, sondern dass sie körperlich völlig verspannt war. Mithilfe einiger Übungen lernte sie ganz neu, sich zu entspannen und im Unterleib nicht mehr festzuhalten, sodass ihr Atem wieder frei fließen konnte. Das linderte auch ihre Herzangst, und die Beschwerden ließen langsam nach. Vor allem aber lehrte sie das Leben, dass sie jetzt eine Entscheidung treffen musste, was sie dann auch tat – sie entschied sich für eine Adoption.

Vergessen wir nie: Wenn wir unentschieden sind, schleppen wir nicht nur ein ungelöstes Problem mit uns herum und finden keine Ruhe, sondern wir verlieren allmählich auch unser Selbstwertgefühl.

Im Dickicht der Möglichkeiten

Wer vor einer Entscheidung steht, steht meistens auch vor einer Wahl. Heutzutage haben wir das Glück, dass wir in der Regel zwischen unendlich vielen Möglichkeiten entscheiden können. Das gilt besonders für Menschen, die in wohlhabenden Ländern leben. Leider wird dieses Glück manchmal zum Pech, wenn wir uns mit der Entscheidung schwertun. Wir schleppen die Aufgabe, uns entscheiden zu müssen, lange mit uns herum und belasten uns mit ihr. Die vielen Menschen in den reichen Industrieländern, die ihr Studium oder ihre Ausbildung immer wieder wechseln oder sich nicht auf einen Partner oder eine Partnerin festlegen können, sollten sich einmal klarmachen: In vielen Teilen der Welt gibt es diese Qual der Wahl gar nicht – die Menschen dort haben in der Regel keine solchen Wahlmöglichkeiten. Die große Auswahl kann jedoch zu einer richtigen Belastung sowohl emotionaler als auch energetischer Art werden. Lange Phasen der Unentschiedenheit lassen uns zudem allmählich vergessen, worum es uns eigentlich geht. Vor lauter Bäumen sehen wir den Wald nicht mehr. Wenn wir zum Beispiel zu lange und zu oft mit dem Wechsel zu einem neuen Partner oder einer neuen Partnerin beschäftigt sind, vergessen wir allmählich die Antwort auf die Grundfrage, warum wir überhaupt eine Partnerschaft brauchen. Sprichwörtlich: Wer auf allen Wegen geht, verfehlt den Weg nach Hause.

Nimm dich in Acht vor dem **Freund,** der **nicht weiß,** was er will. Aber dem **Feind, der weiß,** was er will, kannst du **mutig** gegenübertreten.

[Tamilisches Sprichwort]

34

Keine Scheu vor Entscheidungen!

Wer eine Entscheidung als lästig und mühsam empfindet, glaubt womöglich, es sei bequemer und entspannter, sich vor dieser Entscheidung einfach zu drücken. Das ist eine Illusion, denn wir können uns nicht wirklich entspannen, solange wir gefordert sind, eine Entscheidung zu treffen, diese aber mit uns herumschleppen. Solange Entscheidungen offen sind, kann der Geist nicht wirklich abschalten und zur Ruhe kommen.

Wir haben oft Angst, dass wir uns mit einer Entscheidung in irgendetwas verstricken. Genau das Gegenteil stimmt! Wer sich wiederholt vor Entscheidungen drückt, läuft Gefahr, eine Geisteshaltung zu entwickeln, die ihn um jede Entscheidung einen Bogen machen lässt. Er verstrickt sich also in die Unentschiedenheit, indem er sie zu einer Gewohnheit macht. Ja, man kann sagen, dass auf diese Weise die Unentschiedenheit zu einer Lebenshaltung werden kann. Aber das Gegenteil funktioniert auch! Machen wir daher die Entschiedenheit zu unserer Gewohnheit!

Entschiedenheit zur Gewohnheit machen

Sich zu entscheiden, kann man lernen. Auch die Entschiedenheit kann zu einer Lebenshaltung werden. Wir können das trainieren: Einfach ganz entschieden Ja sagen zu einer Wahl, uns bewusst auf eine Sache festlegen; dann die Schritte, die sich aus der Entscheidung ergeben, tun und dabei achtsam bleiben!

DIE SCHLECHTESTE ENTSCHEIDUNG IST MEISTENS DIE, KEINE ZU TREFFEN. Es ist besser, eine Entscheidung zu fällen, die nicht ganz zufriedenstellend ist, als ständig nach der sogenannten perfekten Entscheidung zu suchen, die es vielleicht gar nicht gibt. Wenn wir uns immer bewusst machen, dass jeder Fehler machen darf und dass wir nur einfach weiterhin achtsam sein sollten, dann können wir eine Entscheidung treffen, ohne ein zu großes Risiko einzugehen. Wie gesagt: Es ist letztlich ein größeres Risiko, die eigene Entscheidungsfreude immer mehr zu schwächen.

Der Kopf hat das erste Wort, das Herz das letzte!

Schwierige Entscheidungen werden nicht im Kopf gefällt. Für die Richtigkeit einer Entscheidung kommt es nicht so sehr auf die Gedanken an, die wir uns gemacht haben. Zu einer guten Entscheidung kommen wir viel eher, wenn wir im Kopf und im Herzen klar und ruhig sind. Von solch einer Klarheit und Ruhe hängt es letztlich ab, ob die Entscheidung nachhaltig richtig bleibt oder nicht. Denn ohne diesen inneren Zustand können die Gedanken, die wir uns über die Sache gemacht haben, unmöglich ausgewogen sein. Mit anderen Worten: Die Qualität unseres Gemüts ist weitaus wichtiger bei der Entscheidung als der Inhalt des Kopfes.

Im Bereich der Politik und der Macht wird sehr deutlich, was passiert, wenn »Kopfentscheidungen« die stärkste Rolle spielen. Hier werden die meisten Entscheidungen nur nach »sorgfältiger Abwägung« und nach allgemeinen Regeln gefällt. Hier gilt das Gegenüberstellen von Plus und Minus: von dem, was als »gut« und »schlecht« oder »förder-

Wenn die **Gedanken** die Aufgabe des **Leibes** zu übernehmen versuchen, werden sie selbst **instabil** und weggetragen – so wie ein Segelboot vom **Wind.**

[Bhagavadgita, 2.67]

lich« und »nicht förderlich« ausgerechnet wird. Dabei gehen solche Entscheidungen oft an den Empfindungen und Bedürfnissen des Einzelnen vorbei, und anstelle der Klarheit des Geistes wird lediglich dessen Rechenfähigkeit geschätzt. Das kann manchmal üble Folgen haben – wie in der folgenden Geschichte.

Weisheitsgeschichte

Ein König wollte einst alle Straftaten aus seinem Land verbannen und holte sich einen strengen Richter, der als Gerechtigkeitsfanatiker gefürchtet war. Der gnadenlose Mann verurteilte die Angeklagten schon bei kleinen Delikten zur Todesstrafe. Da kam einmal sein eigener Sohn auf die Anklagebank, weil er in einem Streit wütend geworden war und seinen Gegner tödlich verletzt hatte. Der Richter hielt inne, und um ihn herum wurde es still. Er sprach davon, dass das Urteil in Ruhe überlegt werden müsse, dass Gerechtigkeit nichts sei, wenn sie nicht mit Vergebung und Mitgefühl gepaart sei, und er versuchte, die Klage gegen seinen Sohn abzuwenden. Da schritt der König ein. Er hatte begriffen, dass er sein Ziel, das Land von Straftaten zu befreien, anders als durch rigorose Härte erreichen musste. Also entließ er den grausamen Richter und suchte stattdessen einen Weisen für das Amt.

Nur Herzensentscheidungen sind vernünftig

Das Herz entscheidet nie darüber, was machbar und möglich ist, sondern immer nur darüber, was passend und angebracht ist. Heutzutage ist jeder Einzelne viel mehr an der Macht beteiligt als in früheren Zeiten und kann viel mehr selbst entscheiden. Es wird ja gern gewitzelt, dass bei Ehepaaren die Männer darüber entscheiden, was in der Politik passiert, und die Frauen, was im Privatleben passiert – gemäß dem Klischee, dass Männer Kopf- und Frauen Gefühlsmenschen seien. Doch machtbewusst, wie wir alle sind, werden auch unsere privaten Entscheidungen mehr als je zuvor dadurch beeinflusst, dass wir Interessen behaupten und Ziele erreichen wollen. Dabei verkümmert unsere Fähigkeit, Entscheidungen auf der Basis eines ruhigen Gemüts zu treffen, und wir opfern die innere Ruhe oft um eines oberflächlichen Erfolgs oder Machtgedankens willen.

Im privaten und emotionalen Bereich wäre es aber angemessen, seine Entscheidungen gefühlsbetont zu treffen. Das bedeutet nicht, völlig irrational zu sein. Es ist durchaus klug, vor einer Entscheidung die rationalen Argumente abzuwägen. Damit schaffen wir sogar eine gute Basis. VERNÜNFTIG IST ABER NUR DIE ENTSCHEIDUNG, DER UNSER HERZ ZUSTIMMT. Im Bereich der Gesundheit und Heilung wird das sehr deutlich. Wenn wir krank sind, bekommen wir oft eine ganze Reihe von Informationen über unseren Zustand und über Medikamente für dessen Besserung. Schließlich werden wir ganz unsicher, wem wir denn nun glauben und was wir tun sollen. Dann sind wir gezwungen, unser Herz und unsere Gefühle sprechen zu lassen, was für uns das Richtige ist.

Zweifellos wäre es auch im Bereich der Politik und der Macht oft mehr als angebracht, das Herz das letzte Wort sprechen zu lassen. Es gibt dazu folgende chinesische Geschichte, die den Dichter Bertolt Brecht zu dem Theaterstück »Der kaukasische Kreidekreis« inspirierte.

Weisheitsgeschichte

Ein Richter hatte zwischen zwei Frauen zu entscheiden, die beide von einem kleinen Jungen behaupteten, dass er ihr eigener Sohn sei. Jede der beiden Frauen sagte, sie sei die Mutter und die andere Frau nur die Amme.
Der Richter ließ einen Kreis auf den Boden zeichnen. Er hieß den Jungen, sich in dessen Mitte zu stellen und die Arme auszustrecken, und bat

die Frauen, jeweils eine seiner Hände zu nehmen. Sie sollten nun an
dem Arm zerren, sodass klar würde, wer mehr um den Jungen kämpfte.
Nach ganz kurzer Zeit gab die eine Frau nach, und die andere schaute
triumphierend zum Richter. »Tja, Sie haben verloren«, sagte der Richter
zu ihr und wandte sich an die vielen Menschen, die zugeschaut hatten:
»Die wirkliche Mutter entschied mit dem Herzen. Sie wollte dem Jungen
nicht den Arm ausreißen!«

Wir können uns sicher sein, dass IN DEN ENTSCHEIDENDEN
AUGENBLICKEN DES LEBENS das Herz immer die bessere
Entscheidung trifft!

Herzensentscheidungen sind spontan

Wichtig bei Entscheidungen ist auch, dass wir nicht zu lange zögern.
Wer zu lange nachdenkt und abwägt, verliert die Spontaneität, die
jede Entscheidung braucht. Dann beginnen die Gedanken, den Ent-
scheidungsprozess zu beherrschen, und überdecken die leisen Töne
von Herz und Bauch, sodass allmählich doch die Unentschiedenheit
siegt. Wir können immer davon ausgehen, dass der Körper uns Signa-
le für passende Entscheidungen sendet, insbesondere dann, wenn der
Kopf vorher seinen Teil getan hat. (Das Zusammenspiel von Kopf und
Bauch ist ein großes Thema in unserer Zeit, deshalb mehr dazu ab Seite 49). Zusammenfassend möchte ich hier drei Punkte hervorheben:

So regen Sie Ihre Entscheidungsfreude an

→ Überlegen Sie sich in Ruhe, was Ihre Prioritäten sind und was Sie auf
 jeden Fall vermeiden möchten.
→ Haben Sie keine Angst vor falschen Entscheidungen, denn sie gehören
 zum Leben, und wir können aus ihnen für die Zukunft lernen.
→ Im entscheidenden Augenblick lassen Sie Ihr Herz sprechen.

>> Von der Art und Weise, wie wir
den **Geist ausrichten,** wird es abhängen,
ob er unser **Selbst** stärkt oder schwächt.
Der Geist ist sowohl der **Freund** des Selbst
als auch sein **Feind.** <<

[Bhagavadgita 6.5–6]

Wie ein Segelboot im Wind

Betrachten wir ein Segelboot, wie es friedlich über das Wasser glei-
tet und den Segler mit sich trägt. Ein erfahrener Segler ist entspannt,
aber auch wachsam, sodass er die Segel sofort neu ausrichten kann,
falls sich die Windrichtung ändert. Wenn ein starker Wind aufkommt,
muss der Segler erst recht wachsam sein – weiterhin gelassen, aber
kraftvoll und aktiv, um die Segel so zu setzen, dass diese dem Wind
immer angepasst bleiben. Er kann nicht lange abwägen, sondern
muss von Moment zu Moment flexibel auf die Situation reagieren.
Wenn ZWEIFEL ihn zu lange zögern lassen, kann das zu einem
echten Problem werden. Deshalb reagiert ein guter Segler instinktiv
mit dem Körper, der keine Zweifel kennt. So liegt es immer in den
Händen des Seglers, ob die Winde gerade zu seinen Gunsten oder zu
seinem Nachteil wehen. Die Segel werden ihn weiterbringen oder
ins Unglück stürzen. Sie sind das Werkzeug, mit dem er sich schützen
oder schädigen kann.

Ähnlich ist es mit der Einstellung unseres Geistes. Es hängt davon an, wie
er gestimmt ist, ob wir die kleinen und großen Stürme des Lebens un-
beschadet überstehen oder nicht.

Öffne die Augen!

Wer in einen Konflikt mit anderen verwickelt ist und ihn zu seinen Gunsten lösen möchte, muss alle Seiten des Problems kennen. In einer Auseinandersetzung sollte er am besten die Stimme nicht erheben und sein Gegenüber entspannt anschauen. Wer seine normale Stimme beibehält, bleibt auch in neutraler Stimmung. Ein ruhiger, klarer Blick ist ein Zeichen dafür, dass die Sinne wach sind. Nur so kann man überzeugend darlegen, dass man alle Aspekte abgewogen und eine gute Lösung parat hat, und kann gewinnen.

Das Gleiche gilt auch für Entscheidungen, denn eine Entscheidungssituation ist wie ein Konflikt, aus dem eine von zwei oder mehreren Seiten als Sieger hervorgehen soll. Das Wichtigste ist, alle Optionen genau zu betrachten. Entscheidungen fallen uns sehr viel leichter, wenn wir über die Möglichkeiten, die sich uns bieten, wirklich Bescheid wissen. Wer »auf einem Auge blind« ist oder seine Wahl ganz blind trifft, wird keine gute Entscheidung fällen.

Schärfe deinen Blick!

»SCHAU DIR DEINE GEGNER AN!« Das ist die erste Lehre, die der Meister seinem Schüler, dem großen Kämpfer Arjuna, erteilt. Entscheidungen werden viel leichter getroffen und Konflikte geklärt, wenn uns die Alternativen klar sind, zwischen denen wir uns entscheiden müssen. Warum haben wir diese Klarheit oft nicht? Wenn wir einen Gegenstand nicht richtig sehen können, hat das meistens einen der folgenden Gründe:

→ Unsere Augen sind müde.
→ Der Gegenstand ist zu weit von uns entfernt.
→ Der Gegenstand ist zu nah an uns dran.

Übertragen auf eine Entscheidungssituation kann dies bedeuten:

→ Wir brauchen eine einstweilige Auszeit vom Thema.

→ Wir müssen uns das Thema näher ansehen.

→ Wir müssen das Thema aus größerer Distanz betrachten.

Im Folgenden beleuchten wir diese drei Punkte, sodass Sie in jeder Entscheidungssituation wissen, wie Sie Ihren Blick schärfen können.

Eine Auszeit kann helfen

Manchmal brauchen wir einfach nur eine Pause, bevor wir eine Entscheidung treffen können. Wir haben uns dann zu lange mit dem Thema beschäftigt, und unser Kopf ist ganz wirr. Wir besitzen nicht mehr die notwendige Ruhe, um eine klare und langfristig stimmige Entscheidung zu treffen. Dann sollten wir uns auf jeden Fall etwas Zeit nehmen, bevor wir uns entscheiden. Wenn wir in der Auszeit das Thema erst einmal ganz loslassen, um uns später mit erholten Sinnen und klarem Kopf die Situation neu anzuschauen, haben wir den nötigen Abstand gewonnen. Wichtig dabei ist aber, dass wir ehrlich sind, dass wir die Entscheidung also nicht aus Bequemlichkeit hinausschieben, sondern wirklich Abstand zum Thema gewinnen wollen. War es reine Bequemlichkeit, merken wir das spätestens dann, wenn die Auszeit vorbei ist und wir genau am selben Punkt stehen, an dem wir vorher waren, und sich für uns gar nichts verändert hat.

DAS THEMA ERST MAL LOSZULASSEN und sich Zeit zu nehmen, ist besonders in Situationen wichtig, in denen die Entscheidung gravierende Folgen haben kann. Nehmen wir an, wir wollen eine wichtige familiäre Entscheidung treffen, die unser Privatleben nachhaltig beeinflussen wird: »Sollen meine Eltern weiterhin allein leben, und ich kümmere mich regelmäßig um sie? Oder sollen sie ins Altenheim ziehen, sodass sie gut versorgt sind? Soll ich sie zu mir oder in meine Nähe ziehen lassen, sodass ich mich leichter um sie kümmern kann?«

Wir wägen die Konsequenzen gründlich ab und kommen trotzdem zu keiner klaren Entscheidung. Das Thema ermüdet uns mehr und mehr. In einem solchen Fall ist es angebracht, sich nicht bedrängen zu lassen und übereilt eine Entscheidung zu treffen, sondern sich Zeit zu nehmen und nach einer Weile neu zu überlegen: nicht nur, um uns vom Grübeln zu erholen, sondern vor allem, um mit einem frischen Blick auf das Thema schauen zu können.

Die Gestaltung der Auszeit

Wie gestalten wir die Auszeit so, dass sie für die Entscheidung wirklich hilfreich ist? Eine Auszeit ist nur dann nützlich, wenn wir in dieser Phase tatsächlich von unserem Thema und uns selbst Abstand nehmen. Da im obigen Fall eine menschlich richtige Entscheidung das Allerwichtigste ist, beschäftigen wir uns in der Auszeit mit anderen Menschen. Wir können jetzt zum Beispiel Biografien lesen oder uns auf andere Weise für das Leben von Menschen interessieren, die ihre Probleme gut gemeistert haben. Damit es auch wirklich eine Auszeit bleibt, sollten wir nicht die Entscheidungsfrage im Vordergrund sehen und uns mit fremden Personen in ähnlichen Situationen vergleichen. Wir sollten uns stattdessen entspannt mit dem Leben der anderen Menschen auseinandersetzen, um später wirklich ganz erholt unser eigenes Problem anzupacken. Hat uns der Mut oder die Gelassenheit der anderen begeistert, werden uns diese Eigenschaften begleiten, wenn wir uns wieder unserem eigenen Thema zuwenden.

Die **Stimmung,** in der du eine
Lebensphase verlässt, wird bestimmen,
wie du dich in die **nächste** begibst.

[Bhagavadgita 8.6]

Sich mit dem Thema richtig vertraut machen

Das ist die zweite Möglichkeit, den Blick zu schärfen. Manchmal wissen wir einfach zu wenig über das Thema. Wir sind uns nicht klar darüber, welche Alternativen zur Wahl stehen oder welche Konsequenzen die jeweilige Entscheidung mit sich bringt. Dann müssen wir uns noch genauer mit der Sache beschäftigen, Informationen einholen, möglichst viel über die Vor- und Nachteile aller Möglichkeiten herausfinden, bevor wir uns entscheiden können.

Sich eingehend mit dem Thema zu befassen, bevor eine Entscheidung gefällt wird, ist besonders in Situationen empfehlenswert, in denen eine KOMPETENTE BERATUNG wichtig ist. Das trifft beispielsweise auf die Wahl eines Ausbildungsplatzes oder Studiums zu. Wir informieren uns genauer mithilfe zuverlässiger Quellen – dies können Experten sein, Personen mit einschlägiger Erfahrung oder zuverlässige Informationsmedien. Hier ist es zudem sinnvoll, mit Menschen darüber zu sprechen, die einige Lebenserfahrung haben, uns mit Abstand sehen können und dennoch genug Interesse an uns haben.

Herausfinden, was wirklich stimmig ist

Dieser Schritt kann manchmal auch bei Gesundheitsfragen sehr wichtig sein – wie im folgenden Beispiel einer Yogaschülerin, die unter starken Schwindelgefühlen litt und mich um Rat bat. Ihr wurde dringend eine Operation an der Halswirbelsäule empfohlen, und sie hatte Angst vor eventuellen Nebenwirkungen, die bis zu Lähmungen in den Armen hätten gehen können. Ich empfahl ihr, eine zweite Meinung von einem Neurologen einzuholen. Sie tat dies und war nun erst recht verunsichert, weil plötzlich eine ganz neue fachliche Sicht im Raum stand. Sie wollte aber keine Experimente, keine Unsicherheiten. Deshalb informierte sie sich in den folgenden Monaten so lange mit-

hilfe vieler Quellen intensiv selbst darüber, was man gegen das Fort-
schreiten ihrer Erkrankung tun konnte, bis sie die optimale Therapie
fand. Zwar dauerte es deshalb ein ganzes Jahr, bis die Behandlung
schließlich begann, dafür konnte sie sich aber auf diese Therapie ver-
trauensvoll und zuversichtlich einlassen.

Das Thema aus größerer Distanz betrachten

Möglichkeit Nummer drei: Entscheidungen, die die Emotionen aufwühlen, sind deshalb schwierig, weil uns das Thema zu nah ist, weil
es uns persönlich trifft. Wir haben nicht genug Abstand zu ihm und
können uns deshalb nicht ruhig oder objektiv damit befassen. Die
Vorstellung, welche negativen Folgen die Entscheidung haben könnte,
wühlt uns auf. Uns fehlt die innere Gelassenheit, das Thema von allen
Seiten emotionsfrei zu betrachten.

In diesem Fall ist das Allerwichtigste, erst einmal großen Abstand zum
Thema zu gewinnen: Nicht, damit wir Ruhe vor dem Problem haben,
sondern damit sich unser Blickwinkel ändert. Wir suchen einen Ort
auf, an dem wir uns wirklich ganz weit weg von der gewohnten Umgebung und ihren Einflüssen befinden. Das heißt, wir verschaffen uns
erst einmal räumliche Distanz, um einen Blick aus der Ferne auf unser
Leben und unsere Situation werfen zu können. Wir steigen zum Beispiel auf den Gipfel eines Berges und blicken aus der Vogelperspektive
auf unser Leben hinab. Oder wir lösen uns von alltäglichen Eindrü-
cken und Gedankengängen, indem wir auf einen See hinausfahren
und in der Stille und Weite das Thema betrachten. Wir können auch
in einen fremden Kulturkreis reisen, um die Situation in diesem
ganz anderen Umfeld mit ganz neuen Augen zu sehen. In einer solchen Umgebung fern von unserem Alltag sollten wir uns die Frage
noch einmal stellen und überlegen, worauf es uns wirklich ankommt.

Wie sehen wir uns in fünf oder zehn Jahren? Was sind unsere wichtigsten Ziele und Wünsche im Leben? Mit welcher Entscheidung lassen sich diese besser verwirklichen?

Diese räumliche Entfernung ist keine Flucht, wenn wir von dort aus tatsächlich unsere Fragestellung betrachten. Die räumliche Distanz gewährleistet zwar nicht, dass wir auch einen emotionalen Abstand zum Thema bekommen. Sie schenkt uns aber einen Perspektivenwechsel, der sehr hilfreich sein kann.

Bequemlichkeit ist kein guter Ratgeber

Der Versuch, über räumliche Distanz einen emotionalen Abstand zu schaffen, wird tendenziell erfolgreicher sein, wenn wir uns dabei einer gewissen KÖRPERLICHEN ANSTRENGUNG unterziehen. Am besten ist es also, wenn wir uns nicht nur räumlich, sondern auch körperlich fortbewegen. Indem wir weit laufen, wandern, joggen oder Rad fahren und uns so von unserem Alltag entfernen, treten wir auch insofern aus dem Gewohnten hinaus, als wir die üblichen trägen Reaktionsmuster des Körpers verhindern. So sind wir äußerlich und innerlich in einer nicht alltäglichen Situation.

Wenn wir auf den Gipfel eines Berges gewandert sind, ist es wahrscheinlicher, dass wir auch emotional distanzierter sind, als wenn wir mit dem Auto hochfahren. Eine Reise oder eine Unternehmung, die Mühe kostet, hat eine LÄUTERNDE WIRKUNG AUF LEIB UND SEELE, die neue Einblicke in unsere Situation erlaubt. Das ist der eigentliche Sinn einer jeden Pilgerreise. Der Perspektivenwechsel, der durch eine Pilgerreise zu Fuß entsteht, wird keinesfalls durch eine bequeme Autofahrt zur gleichen Pilgerstätte entstehen.

Im Streit mehr Objektivität gewinnen

Bei allen schwerwiegenden Entscheidungen ist ein Perspektivenwechsel hilfreich. Wenn sich zum Beispiel Partner ständig streiten und die

Entscheidung zwischen Trennung und Zusammenbleiben ansteht, ist es wirklich sinnvoll, das Thema aus der Distanz zu betrachten. Dann können wir erkennen, dass vieles, was wir denken, nur unsere übliche, unreflektierte Sichtweise ist, und wir können den Mut finden, unsere Vorstellungen loszulassen. Es hilft uns auch, Abstand zu den Erwartungen der oder des anderen zu gewinnen, sodass wir uns nicht in ihre oder seine Probleme und Sichtweise verwickeln lassen. Somit erlangen wir ein Stück Objektivität und können besser sehen, wie und warum die Situation überhaupt entstanden ist, die eine solche Entscheidung verlangt. DIE DISTANZ LÖST UNS VON EIGENEN ZWÄNGEN UND DENEN UNSERER GEWOHNTEN UMGEBUNG. Sie gibt uns die Gelassenheit, das Problem anzuschauen, als wäre es das Problem eines anderen Menschen. Hierzu ein Beispiel.

Eine gute Entscheidung ist eine Befreiung

Eine meiner Schülerinnen war eine engagierte und erfolgreiche Geschäftsfrau. Sie dachte daran, sich von ihrem Mann zu trennen, weil dieser sehr viel Alkohol trank und sie im Rausch schlecht behandelte. Im Grunde konnte sie sich aber nicht vorstellen, ihren Mann wirklich zu verlassen. Sie fürchtete sich nämlich vor dem Alleinsein und hatte regelrecht Angst davor, allein auszugehen oder in Urlaub zu fahren. Warum zeigte sich ihr Mut, den sie im Berufsleben hatte, nicht auch im Privaten? Ich empfahl ihr neben ihren Yogaübungen einen täglichen Spaziergang allein im Stadtwald. Sie tat dies regelmäßig, schaffte sich bald einen Hund an und erweiterte ihre Ausflüge in die Natur. Eines Tages – nach einem schlimmen Streit – stieg diese Frau, die Angst davor hatte, allein zu sein, geschweige denn, allein zu reisen, ins Auto und fuhr einfach los nach Finnland. Bei diesem Abenteuer in der nordischen Natur gewann sie nicht nur Abstand zu ihrem Leben und ihrer Partnerschaft, sondern auch zu ihrer vermeintlichen Angst und Hilflosigkeit. Sie kehrte wesentlich selbstbewusster und mutiger zurück und wusste jetzt, dass sie sich jederzeit von ihrem Mann trennen könnte. Nun war es ihr Mann, der aus Angst vor der Trennung zitterte. Er versprach, sein Verhalten zu ändern, und hielt sich auch daran. Aber sie war jetzt nicht mehr abhängig von ihm und bereit, ohne zu zögern zu gehen, wenn es sein musste.

Wie viel Ferne oder WIE VIEL ANSTRENGUNG braucht es für einen Perspektivenwechsel? Wenn wir trotz räumlicher Distanz keinerlei Klarheit gewinnen, sollten wir nicht länger und weiter reisen, sondern bedenken, dass die Distanz vielleicht nicht intensiv genug war, weil sie uns zu wenig Mühe oder Überwindung abverlangt hat!

Sag genau,
was du willst!

Entscheidungen fallen uns oft deshalb schwer, weil wir gar nicht wissen, was wir uns eigentlich wirklich wünschen, was wir wirklich wollen. Wir bilden uns vielleicht ein, dass wir uns ganz leicht entscheiden könnten, wenn wir allein wären. Mag sein, dass es leichter ist, im Restaurant nur für sich selbst zu bestellen als für eine ganze Gruppe. Vielleicht fiele uns auch das Kochen leichter, wenn wir nur an unsere eigenen Bedürfnisse denken müssten. Und vielleicht könnten wir uns sofort für ein Urlaubsziel entscheiden, wenn wir allein reisen würden ohne Familie. Doch entspricht diese Vorstellung wirklich der Wahrheit? Liegt es wirklich an den anderen, dass uns die Entscheidung so schwerfällt? In den allermeisten Fällen sind WEDER DIE ANDEREN MENSCHEN NOCH DIE UMSTÄNDE das Problem, sondern unsere eigene Unfähigkeit, uns zu entscheiden, und zwar aufgrund unseres mangelnden Gefühls dafür, was wir eigentlich wirklich wollen.

Was ist dein ursprünglicher Wunsch?

Wir haben nämlich nie nur einen Wunsch, sondern mehrere Wünsche, die aufeinander beruhen. Unser eigentlicher Wunsch ist oft verdeckt durch ERSATZ- ODER NEBENWÜNSCHE. Wenn wir zum Beispiel im Laufe eines Tages an Kraft verlieren und uns etwas wünschen, das uns neue Energie zuführt, dann wollen wir nicht nur unseren Hunger stillen, sondern gleichzeitig auch etwas Leckeres essen, in einer schönen Umgebung sein und zusammen mit einem netten Menschen speisen ... Nun sollten wir nicht, einem Tier gleich, einzig die Energiezufuhr anstreben und die Nebenwünsche als »unbedeutend« missachten. Aber den primären Wunsch nach Energie dürfen wir keinesfalls ignorieren, wenn wir bei Tisch sind!

Manchmal vergessen wir den eigentlichen Wunsch vor lauter anderen, ihn überlagernden Wünschen. So bewerten wir oft den Geschmack oder die Gesellschaft beim Essen höher als den Nährwert auf dem Teller. Deshalb sollten wir öfter innerlich nachspüren und auf den »Bauch« hören – nicht nur beim Essen!

Kopf und Bauch befragen

Wenn wir wissen wollen, was unser Grundwunsch ist, fangen wir an nachzudenken. Wir können aber unsere tiefsten Wünsche nicht allein mit dem Kopf erraten, sondern wir müssen KOPF UND BAUCH MITEINANDER VERBINDEN, wenn wir sie erkennen wollen. Oft laufen Entscheidungen so ab, dass wir lange überlegen – und im letzten entscheidenden Moment doch dem intuitiven Bauchgefühl gehorchen. Auch wenn wir glauben, dass der Kopf wichtiger sei als der »Bauch«, schenken wir in ganz brisanten Momenten doch dem Gefühl mehr Beachtung. Was ist der Unterschied zwischen dem Bauchgefühl und dem, was der Kopf sagt? Der Bauch ist unserem Instinkt näher und hat das bessere Gedächtnis dafür, was wir wirklich wollen. DAS BAUCHGEFÜHL SCHÜTZT UNS. Es sagt auf unbeirrbare Weise, was uns guttut. Der Bauch ist die Körpermitte und weiß instinktiv, was für den Schutz des Körpers, sprich des gesamten Menschen, notwendig ist. In Situationen, in denen wir eine ganz schnelle Entscheidung treffen müssen, fragen wir automatisch den Bauch. Speziell in einer Gefahrensituation ist es absolut wichtig, dass dieses Bauchgefühl funktioniert, denn da weiß der Bauch am besten, um was es geht, nämlich um unser Überleben.

Auf jeden Fall ist es bei allen Entscheidungen wichtig, sich auf den ursprünglichen Wunsch zu besinnen. Nur dann werden Kopf und Bauch übereinstimmen. Und der Wunsch bekommt einen NAMEN. Wenn wir ihn ganz klar benennen, haben wir auch die Kraft, ihn in Erinnerung zu behalten und alles zu tun, um seine Erfüllung zu fördern.

Nur wer weiß, was er will, kann über sein Leben selbst bestimmen

In diesem Zusammenhang fällt mir ein, wie mich eine Schülerin eines Tages damit überraschte, dass sie für ein Jahr fortgehen würde. Die Musiklehrerin und Inhaberin einer gut gehenden Musikschule liebte ihre Arbeit und die Kinder, die sie unterrichtete, und war bei ihnen auch sehr beliebt. »Ich werde meine Schule an eine Kollegin übergeben und mich auf den Jakobsweg machen«, verkündete sie. Ich war erstaunt, dass sie sich für religiöse Dinge interessierte, denn das wusste ich gar nicht von ihr. Doch dann sagte sie: »Bei mir wurde Krebs festgestellt. Es gab eine ganze Reihe von Untersuchungen, und es wird in der nächsten Zeit nur noch um weitere Untersuchungen, Besprechungen und Behandlungen gehen. Ich brauche einfach Abstand, um zu sehen, was ich wirklich will und was ich mit mir machen lassen werde.« Ich verstand plötzlich, warum sie eine erfolgreiche Persönlichkeit war: Sie wusste, was sie im Leben wollte.

Gib deinem Wunsch eine klare **Form**
und einen klaren **Namen.**
So wird er bald in **Erfüllung** gehen.

[Bhagavadgita 12.5]

Wenn sich Kopf und Bauch streiten

Was ist aber, wenn der Kopf dem Bauchgefühl widerspricht? Auf Bergwanderungen stehe ich oft vor dieser Frage. Es ist mir an manch einem Herbstabend auf dem Rückweg passiert, dass ich unsicher wurde, denn meine Interpretation der Wanderkarte und Himmelsrichtungen sagte etwas anderes als mein Bauchgefühl. Ob ich nun auf den Kopf oder den Bauch hörte – beides führte gelegentlich zu gefährlichen Irrtümern, die ich nur mit viel Glück überstand. Inzwischen habe ich gelernt: Es ist wichtig, sich hinzusetzen und achtsam zu werden, bis Kopf und Bauch einstimmig sprechen. Dann klappt es. Voraussetzung für diese Klarheit ist jedoch, dass zumindest der Bauch RUHIG UND ENTSPANNT ist und nicht aufgeregt vor Angst und Erwartung. Glücklicherweise ist es nicht schwer, den Bauch zu entspannen, zum Beispiel mit der Übung auf Seite 52. Dann kann der erregte Geist »im Bauch ruhen« und wird selbst ruhiger und klarer.

Diese drei Punkte sollten wir beherzigen

→ Nicht die anderen hindern uns an unserer Entscheidung.
→ Nur wenn der Kopf im Bauch ruht, ist die Entscheidung eindeutig.
→ Enscheidungen sind vielschichtig – vergessen wir den primären Wunsch nicht! Wenn wir zum Beispiel eine Ausbildung machen wollen, müssen wir erst mal entscheiden, in was, bei wem, ab wann und wo – und uns womöglich eine Alternative offenhalten, wenn wir den

gewünschten Platz nicht bekommen. Es gibt viele Details, für die wir uns jeweils entscheiden müssen. Dabei ist wichtig, dass wir die grundsätzliche Entscheidung nicht vergessen: »Ich will eine Ausbildung machen.« Solange wir dies im Hinterkopf behalten, werden die ganzen Nebenentscheidungen leichter zu treffen sein.

Wenn wir also unsere Prioritäten kennen und in unserem Körper ruhen, kann uns nichts mehr an einer klaren Entscheidung hindern. Die folgende Übung lässt unseren Atem ruhig werden, stärkt die Selbstwahrnehmung und hilft so, Körper und Geist zu zentrieren.

ÜBUNG

Atem und Geist beruhigen

→ Sitzen Sie aufrecht auf einem bequemen Stuhl. Lehnen Sie sich ruhig an, aber bleiben Sie im Brustkorb aufgerichtet. Legen Sie eine Hand auf den Bauch und die andere auf die Brust. Lassen Sie die Augen offen und den Blick auf irgendetwas ruhen, das Sie vor sich sehen.

→ Spüren Sie mit den Handflächen das Heben und Senken Ihres Atemraums. Halten Sie die Augen ganz ruhig, und lassen Sie den Atem frei fließen. Sobald Sie das Bedürfnis haben zu blinzeln, richten Sie die Aufmerksamkeit auf Ihren Atem und spüren die Bewegungen des Atemraums. Steuern Sie den Atem nicht.

→ Wenn Sie nach einer Weile merken, dass Sie den Atem doch ungewollt beeinflussen, richten Sie die Aufmerksamkeit wieder auf den Blick. In dieser Weise wechseln Sie bei Bedarf die Aufmerksamkeit zwischen Atem und Blick.

→ Sie werden allmählich ruhig werden. Wird der Atem ruhig, so wird auch der Geist ruhig. Verweilen Sie in dieser Ruhe, die Sie selbst bewirkt haben. Genießen Sie sie. Diese Ruhe ist durch den Einklang von Körper und Geist entstanden.

Gefalle erst dir,
dann den anderen!

Auch wenn wir manchmal genau wissen, was eigentlich unsere Wahl wäre, zögern wir, weil es da die anderen und deren Meinung gibt. Wie können wir es schaffen, weniger Herdentier zu sein und mehr bei dem zu bleiben, was wir wirklich wollen?

Zügeln wir unseren Herdentrieb!

Unsere Gesellschaft ist sehr widersprüchlich. Wir meinen, Individualisten zu sein, wollen aber im Grunde das Gleiche wie alle anderen. Wir sind schnell zu haben für Ideen, die viele begeistern. Wir möchten nichts verpassen, was andere auch schon erlebt haben. Das gilt für alles Mögliche, ob es Kleidung, Gegenstände, Geschmack, Urlaubsorte oder Meinungen sind. Ständig vergleichen wir uns mit den anderen, und unser Selbstwertgefühl hängt viel zu sehr von diesem Vergleich mit anderen ab. Letztlich ist der moderne Mensch, obwohl doch angeblich sein Individualbewusstsein so hoch entwickelt ist, kein bisschen weiter als seine Vorfahren.

Wenn schon der allgemeine gesellschaftliche Druck so groß ist, können wir uns vorstellen, dass der bewusst oder unbewusst erlebte Druck durch nahestehende Menschen erst recht groß ist. Dieser Druck hat leider oft einen immensen Einfluss auf unsere Entscheidungen. Wir sind dann bereit, Entscheidungen zu treffen, zu denen wir im Grunde nicht stehen, nur um den anderen zu gefallen. Doch wir sollten uns klarmachen, dass es für andere langfristig viel besser ist, wenn wir eine für sie unangenehme Entscheidung treffen, als wenn sie spüren, dass wir uns mit der Entscheidung nicht wohlfühlen.

Die Kehrseite der Anpassung

Nehmen wir an, Sie gehen mit Ihrem Partner aus, und er findet, dass Sie sich völlig unpassend angezogen haben. Wenn Sie nun trotzdem selbstbewusst zu Ihrer Erscheinung stehen, ist das für Ihr Gegenüber viel besser, als wenn Sie seine Zweifel ein Stück weit teilen und unsicher wirken, während Sie mit ihm unterwegs sind.

Wie negativ sich Zweifel und falsche Anpassung auswirken, zeigt eine typische Situation im Leben von ELTERN UND KINDERN. Eltern erwarten oft von ihren Kindern, dass sie sich an gewisse Normen anpassen. Das macht natürlich sowohl den Eltern als auch den Kinder Druck. Für beide Seiten ist es deshalb wichtig, sich bewusst zu machen: Wenn Kinder nicht wissen, was sie wollen, und sich für nichts entscheiden können, werden sich die Eltern letztlich viel mehr um sie sorgen, als wenn sich das Kind für etwas entscheidet, das in den Augen der Eltern erst einmal unpassend ist.

Unsicherheit und Zweifel

Es ist ein Zeichen von Unsicherheit, wenn wir uns mit anderen vergleichen und unsere Entscheidungen an ihren Vorstellungen ausrichten. Hier müssen wir uns immer wieder sagen: Die Sicherheit, die wir den andern bieten, wenn wir klar zu dem stehen, was wir tun und wollen, wird letztlich mehr geschätzt als unser vermeintlicher Einklang mit ihrem Willen. Wenn wir nur im Sinne des anderen entschieden haben, bleibt ein Zweifel in uns selbst, wir werden unsicher und übertragen diese Unsicherheit auf den anderen.

Auch in der PARTNERSCHAFT macht es einen großen Unterschied, ob wir zu unseren wirklichen Wünschen stehen oder nicht. Mütter erleben es oft, dass sie Entscheidungen treffen müssen, die nicht unbedingt ihren eigenen Wünschen entsprechen. Nehmen wir ein Beispiel: Eine Mutter, die sich tagsüber vor allem um ihre Kinder kümmert,

möchte am Abend regelmäßig Freunde zum Essen einladen. Der Partner, der abends müde von der Arbeit heimkommt, mag aber keinen
Besuch. Sie hat nun drei Möglichkeiten:

→ Sie äußert den Wunsch gar nicht, weil er vermutlich auf Ablehnung
stößt. Die möglichen Folgen sind hier alle negativ: a) Sie verschließt
ihr Herz immer mehr und lässt zu, dass sich in der Beziehung Kälte
ausbreitet. b) Sie resigniert, und ihr Selbstwertgefühl leidet.

→ Sie respektiert den Unwillen ihres Partners und trägt es ihm nicht
nach, sondern findet einfach eigene Wege für ein gesellschaftliches
Leben. Darüber spricht sie offen mit ihrem Partner und erzählt ihm
auch davon, wie viel Freude ihr das Ausgehen mit den Freunden
macht. Es kann nun passieren, dass sich eine Distanz zum Partner
auftut, aber es ist ebenso möglich, dass all dies die Kommunikation
zwischen ihnen fördert.

→ Sie bittet ihren Partner, den häuslichen Raum regelmäßig freizugeben,
und lädt ihre Freunde ein. Es ist möglich, dass dadurch ein Konflikt
entsteht. Es ist aber auch möglich, dass der Partner sie respektiert,
weil sie weiß, was sie will.

Man sieht an diesem Beispiel: In der Regel sind die FOLGEN VON ENT-
SCHEIDUNGEN, die nicht im Einklang mit unseren Wünschen stehen, alle negativ. Deshalb ist es wichtig, wirklich zu wissen, was man
will, und dementsprechende Entscheidungen zu fällen.

Entscheide dich so, wie es für dich passt.
Sich dafür zu entscheiden,
was für einen anderen richtig sein mag,
ist ein gefährlicher Fehler.

[Bhagavadgita 3.35]

Gefälligkeit kommt langfristig nicht an

Dass wir uns selbst nichts Gutes tun, wenn wir uns zu sehr von der Meinung anderer beeinflussen lassen, ist klar. Aber auch dem anderen ist langfristig mit unserer Gefälligkeit nicht gedient. Diese wird letztendlich nur als eine Schwäche von uns interpretiert. Es wird nichts nützen, wenn wir hinterher sagen, dass wir das alles doch nur gemacht haben, um dem anderen gerecht zu werden.

Harmoniesucht ist eine Falle

In einer neuen Partnerschaft neigen viele Menschen dazu, dem oder der anderen in allem weitgehend zuzustimmen, um nur ja die anfängliche schöne Harmonie nicht zu gefährden. Das macht sie in den Augen ihres Gegenübers nach einer Weile langweilig und im schlimmsten Fall sogar unglaubwürdig. Damit verlieren sie dessen Respekt, und der scheinbare Gleichklang ist schon bald ganz dahin. WIDERSTAND HINGEGEN IST EIN GUTER BODEN, AUF DEM BEZIEHUNGEN WACHSEN KÖNNEN. Um Widerstand leisten zu können, ist es aber wichtig, dass wir wirklich wissen, was wir wollen. Deshalb prüfen Sie immer wieder Ihre eigenen Überzeugungen, und lassen Sie sich nicht durch die Meinung der anderen zu sehr von Ihren wahren Wünschen abbringen.

Achtsam und verantwortlich bleiben

Selbstverständlich sollten wir darauf achten, dass wir nicht zu egoistisch sind, nur an unsere eigenen Wünsche und Ziele denken und dabei die Empfindungen der anderen völlig außer Acht lassen. Das gilt besonders dann, wenn wir Verantwortung für andere haben, was der Fall ist in einer Partnerschaft. Mit falscher Rücksichtnahme aber ist weder uns noch unserem Gegenüber gedient.

Wenn wir offen bleiben für die Empfindungen und Äußerungen des Gegenübers, können wir guten Gewissens klare Entscheidungen treffen und zu unseren Bedürfnissen stehen. Dieses Thema wird im Kapitel 2 ab Seite 80 noch einmal aufgegriffen.

Weisheitsgeschichte

Ein Ringer war maßlos wütend über den ungerechten Verlauf eines Wettkampfs, den er verloren hatte. Er wollte Rache nehmen und ging zu einem Magier, um ihn um Hilfe zu bitten. Der Magier bot ihm Folgendes an: »Ich kann deinem Gegner den Tod schicken; dann musst du aber mit dem Fluch seiner trauernden Familie fertigwerden. Ich kann deinen Gegner mit einem Dämon besetzen; befreit er sich jedoch von ihm, wird dieser wiederum dich besetzen. Ich kann ihn auch im Kampf mit seinem nächsten Gegner verlieren lassen; so stehst du aber als einer da, der gegen einen Verlierer verloren hat. Ich kann ihn im Übrigen auch dazu bringen, dass er sich dir freundschaftlich nähert; dann musst du ihm allerdings vergeben. Welche Lösung willst du?«

Der Ringer atmete heftig und schwieg. Der Magier forderte ihn auf: »Im Wettkampf fiel die Entscheidung nicht für dich. Jetzt bist du selbst Schiedsrichter. Wähle diesmal für dich!« Da musste der Ringer lange überlegen, was er wirklich wollte, worauf es für ihn letztlich ankam. Bestand er nur durch den Vergleich mit diesem einen Konkurrenten? Mit welcher Entscheidung erhöhte er sein Ansehen in den eigenen Augen und in denen der Zuschauer mehr, mit welcher seine Glaubwürdigkeit? Da wurde ihm klar, dass es ihm als Wettkämpfer um den Sieg ging, dass sein wichtigster Wunsch war, als Ringer zu siegen. Er ließ den Magier mit all seinen Angeboten stehen und trainierte für den nächsten großen Wettkampf.

Behalte deine
Motivation im Blick

Das Schöne am Wünschen ist, dass es uns positiv, hoffnungsvoll und vital hält. Auch wenn wir uns manchmal wünschen, das ganze Leben wäre ein einziger Urlaub, sind wir doch letztlich rastlos und unzufrieden, wenn wir keinerlei Verpflichtungen haben. Wir werden innerlich getrieben, etwas in Bewegung zu setzen, an der Erfüllung von irgendeinem Wunsch zu arbeiten. Was motiviert uns dabei? Was steht hinter unseren kleinen und großen Wünschen? Worauf gehen alle zurück?

Drei Empfindungen treiben uns im Leben an

→ EIN SCHMERZ, DEN WIR ÜBERWINDEN WOLLEN: Die Beschwerden einer Krankheit können uns motivieren, vieles zu unternehmen, um gesund zu werden. Der seelische Schmerz, von den eigenen Eltern verkannt worden zu sein, kann uns antreiben, unsere Fähigkeiten auf beeindruckende Weise zu entwickeln. So steht oft ein Schmerz am Quellpunkt unserer Beharrlichkeit.

→ EIN ANREIZ, DER UNS LOCKT: Ein erfolgreicher Sportler kann uns motivieren, körperliche Anstrengungen auf uns zu nehmen und genauso gut zu werden wie er. Ein leidenschaftlicher Schullehrer kann uns inspirieren, uns in sein Fach zu vertiefen. Eine lebensmutige (und kluge) Mutter kann ein Vorbild dafür sein, uns stark und selbstsicher zu entwickeln. Der besondere Anreiz gibt uns die Energie, Wünsche zu kultivieren und an deren Erfüllung dranzubleiben.

→ DIE NEUGIERDE, DIE WELT UM UNS ZU ENTDECKEN: Wir Menschen suchen die Gewissheit und wollen daher die Welt, in der wir leben, verstehen und Wahrheiten finden. Diese Neugier steckt in uns allen. Denken wir nur an ein kleines Kind, das seine Umgebung zu ertasten und zu erfühlen beginnt, um mit ihr vertraut zu werden!

Diese drei Quellen unseres Antriebs stehen hinter sämtlichen Wünschen, die wir haben. Ein einfacher Wunsch wie der, im Zug einen Fensterplatz zu bekommen, kann daher rühren, dass wir den Schmerz der Langeweile fürchten. Der Anreiz für den schönen Urlaub, den wir uns wünschen, ist möglicherweise die Vorstellung von der Unbekümmertheit, die wir dort genießen könnten und die uns gerade fehlt. Der richtige Partner, den wir suchen, ist vielleicht der, der unsere Neugier teilt und die Welt auf unsere Weise entdecken möchte.

Wenn wir auf die Motivation hinter unserem Wunsch schauen, werden wir diesen klarer definieren und uns leichter entscheiden können. Wenn der Ringer in der Geschichte wirklich weiß, was ihn motiviert, dann weiß er auch, wie er sich verhalten soll. Wenn wir den Fensterplatz im Zug nicht bekommen, müssen wir uns nicht ärgern, sondern uns auf andere Weise unterhalten. Während wir im Reisebüro sind, machen wir uns unsere Grundmotivation für die Reise bewusst, sonst vergessen wir bei den vielen guten und preiswerten Angeboten, was wir uns von dem Urlaub erhoffen. Auch wenn wir viele angenehme und nachteilige Eigenschaften am Partner oder an der Partnerin feststellen, für den oder die wir uns entscheiden möchten, überlegen wir, ob wir auf der entscheidenden Ebene zusammenpassen, nämlich dass wir die gleiche Neugierde teilen.

Sobald wir wirklich wissen, was wir wollen, müssen wir nicht mehr umständlich nach Motivationen fragen.

Das Leben wird uns motivieren,
unsere Erfahrungen zu vertiefen – entweder
durch Schmerz oder Anreiz oder Neugier
oder auch auf eine selbstverständliche Weise.

[Bhagavadgita 7.16]

Setz dich
für deinen Wunsch ein!

→ Werde aktiv! Indem du alles dafür tust, dass dein Wunsch in Erfüllung geht, beweist du, wie ernst es dir ist. Verzichte nicht auf deinen Wunsch aus falschem Mitleid mit anderen. Lass dich auch nicht aus Angst vor Fehlern zurückhalten. Nur nicht übertreiben – respektiere dein persönliches Energiepotenzial. Und glaube fest daran: Du kannst es!

Warum es wichtig ist, aktiv zu sein

Wenn wir unseren Wunsch eindeutig benannt haben, ist der nächste Schritt, uns vorbehaltlos für ihn einzusetzen. Das heißt, wir sollten aktiv werden, tun, was nötig ist, und damit unseren Beitrag dazu leisten, dass der Wunsch wahr werden kann! Auch wenn wir mit Kopf und Bauch eine gute Entscheidung getroffen haben – ob der Wunsch in Erfüllung geht oder nicht, hängt davon ab, was wir anschließend dafür tun. IN DEM AUGENBLICK, DA WIR AUFHÖREN, AKTIV ZU SEIN, GEBEN WIR AUCH UNSERE WÜNSCHE AUF.

Wünsche sind ein Lebensimpuls

Wenn wir einerseits Wünsche haben, andererseits aber nichts unternehmen, um sie zu verwirklichen, stimmt irgendetwas nicht mit unseren Wünschen. Das kann nur bedeuten, dass die Wünsche nicht echt, sondern lediglich Wunschträume sind. Sogar ein sogenannter Engel, der unsere Wünsche hinausträgt und für ihre Erfüllung sorgt, ist aktiv und beschäftigt in unserer Sache! Wir können nicht einfach unsere Wünsche aussprechen, die Arme verschränken und auf ein Wunder warten. Wir müssen etwas tun. Sich regen bringt Segen!

Zum Glück bewirken aber Wünsche, mit denen wir es ernst meinen, dass wir uns auf das Leben und das Aktivsein freuen. Sie setzen innere Energien frei – nicht nur für die Verwirklichung des Wunsches, sondern genug, um auch anderen Aufgaben und Interessen nachgehen zu können. Wünsche sind also ein starker Lebensantrieb und hemmen nebenbei auch depressive Neigungen.

Trägheit kann in manchen Situationen gut sein und uns vor übereiltem Handeln schützen, aber meistens ist sie eher hinderlich. Sie bremst nicht nur unsere Unternehmungslust aus, sondern sie schwächt auch unseren Überlebensinstinkt. Wenn das passiert, drohen uns Trübsinn und Depression. Aktiv zu bleiben, ist die beste Vorbeugung gegen Depressionen. Haben Sie also Mut zum Optimismus, und werden Sie aktiv mithilfe der Energie, die Ihre Wünsche Ihnen schenken!

Wie können wir der Trägheit widerstehen?

Klar, auch wenn wir noch so viel tun – nicht alles wird genauso erfolgreich sein, wie wir uns das vorstellen. Der Lauf der Dinge entspricht nicht immer unseren Erwartungen, egal, wie sehr wir uns für etwas Bestimmtes eingesetzt haben. Deshalb müssen wir offen bleiben für alles, was sich aus unserem Handeln ergibt. Auf jeden Fall aber haben wir dank unserer Aktivität der Trägheit und der Gleichgültigkeit Einhalt geboten. Das ist schon mal sehr viel wert. Daran sollten wir uns immer wieder erinnern! Trägheit und Gleichgültigkeit gehören zur menschlichen Psyche und sind mächtige Hindernisse, die sich nicht so einfach besiegen lassen und unsere Stimmung sehr beeinträchtigen können. Jeder, der DEPRESSIONEN kennt, wird das bestätigen. Deshalb: Wenn wir uns für etwas engagieren und unsere Erwartung nicht erfüllt wird, ist die Enttäuschung darüber das kleinere Übel. Es gibt viel Schlimmeres! Denn wenn wir Wünsche lange mit uns herumtragen, ohne etwas für deren Erfüllung zu tun, passiert genau das Gegenteil von dem, was wir uns eigentlich erhoffen. Statt glücklich und zufrieden werden wir dann missmutig, ängstlich und depressiv.

Du hast nichts verloren,
wenn dein Tun **nicht erfolgreich** war.
Schon die kleinste selbstbewusste Tat,
die nicht an **Erwartungen** gebunden ist,
wird dir helfen, dich von **Angst** zu befreien.

[Bhagavadgita 2.40]

Ein indisches Kinderlied handelt von zwei armen, einfältigen Jungen, die Geld verdienen wollen. Es geht in etwa so: »Komm, Kumpel, lass uns Bohnensamen aussäen!«

»Nein, dann picken die Hühner die Samen auf.«

»Wir können doch einen Zaun bauen!«

»Nein, da hüpfen die Ziegen drüber.«

»Dann jagen wir die Ziegen fort!«

»Nein, die Ziegenbesitzer werden uns bestrafen.«

»Komm, Kumpel, dann müssen wir halt zur Strafe arbeiten!«

»Oh Gott! Wenn ich arbeite, bekomme ich Hunger.«

»Hunger? Macht nichts, wir können doch was essen!«

»Und wenn ich esse, habe ich hinterher Durst.«

»Ist ja egal, dann trinken wir halt Wasser!«

»Oh nein! Wenn wir Wasser trinken, sterben wir.«

So sieht's nämlich aus, wenn wir in Trägheit und Zaghaftigkeit verfallen. Alles scheint schwierig zu sein, jede Anstrengung unüberwindbar und letztlich sinnlos. Aber das lassen wir einfach nicht zu! Wir lernen vielmehr, unseren TATENDRANG anzufeuern, sodass unsere Wünsche wirklich wahr werden können. Dabei helfen einige wenige Ideen, die jeder Mensch beherzigen kann. Ich schildere sie in diesem Kapitel:

1 Du kannst nicht wirklich Fehler machen!
2 Zeige deine Ernsthaftigkeit durch Tun!
3 Bloß kein falsches Mitleid, das tut niemandem gut!
4 Respektiere dein Energiepotenzial!
5 Das Leben ist Tun!

Fast alles, was du tust, ist letztendlich unwichtig. Aber es ist wichtig, dass du es tust.

[Mahatma Gandhi | 1869–1948]

Du kannst
nicht wirklich
Fehler machen!

Eine tückische Falle

Tun oder nicht tun, die Frage stellen wir uns oft im Leben. Dieser Zwiespalt ist eine tückische Falle. Er entsteht, weil wir keine Fehler machen wollen. Er hemmt unsere natürlichen Impulse, macht uns träge und letztlich ängstlich in jeder Situation, die uns herausfordert. »Soll ich ein neues Bett kaufen oder lieber mit dem alten weiter klarkommen? Soll ich dem Freund oder der Freundin sagen, was ich empfinde, oder nicht? Soll ich meine Eltern besuchen oder nicht? Soll ich die Körperübungen für meine Gesundheit machen oder nicht?« Wir wissen, was wir wollen. Der Wunsch und die Entscheidung sind klar. Trotzdem verschleiert die TRÄGHEIT unsere Klarheit darüber, was zu tun ist. Wie können wir uns aus dieser Trägheit befreien? Der erste Schritt ist, zu bejahen, dass Fehler möglich und sogar in Ordnung sind. Wir müssen uns deutlich sagen, dass es wirklich KEIN »FEHLER« IST, FEHLER ZU MACHEN! Zumindest ist es nicht »schlecht«, wenn wir mal einen Fehler machen.

Manchmal braucht man einen Schubs oder zwei

In meinen ersten Schuljahren fand ich es faszinierend, wenn jemand Gedichte vortrug. Eigentlich hätte ich selbst sehr gern vor Publikum mit klarer Stimme ein Gedicht aufgesagt, war dafür jedoch viel zu schüchtern und ängstlich. Meine Lehrerin spürte mein Interesse und forderte mich auf, bei einer Schulfeier einen Vierzeiler zu sprechen. In der autoritären Schulatmosphäre damals kam Widerspruch nicht infrage, und es stand außer Zweifel, dass ich auf die Bühne gehen und den Vierzeiler aufsagen würde. Der gefürchtete Tag brach an, und ich zitterte vor Angst. Dann kam der Moment, in dem ich auf die Bühne geschubst wurde – und ich fing mit dem Vortrag an. Gleich bei der zweiten Zeile blieb ich stecken und stand eine ganze Weile stumm da, bis mich jemand von der Bühne runterschob. Ich schämte mich sehr, dass ich zu feige war, einfach zu tun, was ich doch eigentlich selbst wollte. Die Lehrerin war zum Glück gütig und sprach mir Mut zu. Ich jedoch wagte mich lange nicht wieder an diesen Wunsch heran.

Einige Jahre später in der Oberschule wandte sich erneut ein netter Lehrer an mich: »Mir gefällt es, wie du aus den Dramen vorliest, du wirst also morgen vor der Schulversammlung ewas aus diesem Schauspiel vortragen!«, und gab mir einen Text – keine Aufforderung, keine Bitte, sondern eine selbstverständliche Aufgabenverteilung! Es gab diesmal keinen Raum für Zweifel, nicht einmal ausreichend Zeit, um überhaupt Angst aufkommen zu lassen. Ich akzeptierte die Aufgabe, da mir gar nichts anderes übrig blieb, und am nächsten Tag lief alles wie von selbst. Das war endlich der Durchbruch für mich. Ein Jahr danach fing ich an, in Theaterstücken mitzuspielen, und gründete später ein eigenes Laientheater in meiner Heimatstadt Chennai.

> Es geht im Leben nie darum, ob wir falsche Entscheidungen getroffen oder welche Fehler wir gemacht haben. Wenn wir uns klar entschieden haben und konsequent hinter dem Ja stehen, dann tun wir immer das Richtige für uns.

[Bhagavadgita 9.30]

Aus Fehlern zu lernen, macht zufrieden und erfolgreich

Der Anspruch an uns selbst, gut zu sein, ist verständlich. Aber zu glauben, dass wir nicht gut seien, wenn wir Fehler gemacht haben, ist EIN GROSSER IRRTUM, der uns im Laufe der Erziehung eingepflanzt wird. Wir können weder das Ergebnis unserer Taten vorausplanen noch deren objektive Richtigkeit ermessen. Zu erwarten, dass unser Tun immer zufriedenstellend ist, wäre völlig unrealistisch. Eine solche Zufriedenheit kann uns niemand schenken, und vom Himmel wird sie auch nicht fallen. Wir allein sind für unsere Zufriedenheit zuständig, und nur wir selbst können sie finden.

Diese ZUFRIEDENHEIT gewinnen wir, wenn wir bereit sind, …

→ Fehler zu machen,

→ uns Fehler einzugestehen, wenn sie passieren, und

→ aus unseren Fehlern zu lernen.

Die Angst vor Fehlern wirkt lähmend

Wenn ein Kind zu laufen beginnt, fällt es um, nimmt das hin, bemüht sich, steht auf … und lernt so mit vielen Versuchen, aufrecht und stabil zu laufen. Das ist ein ganz normaler Lernprozess, der das Kind befriedigen kann. Der Erwachsene, der zusieht, wie das Kind dabei fällt, bringt oft seine eigene Angst mit mahnender Stimme ins Spiel. Damit zerstört er die Selbstverständlichkeit, mit der das Kind seine Fehler annimmt und das Laufen einfach weiter übt. Er verunsichert es, denn es muss jetzt nicht nur den Körper angemessen anstrengen, um stabil zu laufen, sondern es hat auch noch das gedankliche HINDERNIS DER UNSICHERHEIT zu überwinden. Somit prägt sich das Kind ein, dass Fehler den erneuten Versuch, etwas richtig zu machen, noch erschweren und insofern nicht gut sind. DAS DÄMPFT DIE LUST, AKTIV ZU SEIN und tätig zu werden, um sich einen Wunsch zu erfüllen, denn da lauert immer der Gedanke: »Es könnte etwas schief-gehen, es könnte ein Fehler passieren.« Auf ähnliche Weise entwickeln wir Erwachsenen im Laufe unseres Lebens sehr viel Widerstand gegenüber dem Tun. Wie das Kind aber lernen wir gerade über unsere Handlungen und die Fehler, die uns dabei passieren, was das Leben ausmacht. Insofern sind wir gut beraten, wenn wir bereit sind, Fehler zuzulassen, zu ihnen zu stehen und aus ihnen zu lernen. So können wir den sogenannten inneren Schweinehund überwinden und bekommen mehr Lust aufs Tun.

Aus Erfahrung lernen

Das Geheimnis des Erfolgs ist »die richtige Entscheidung«.
Das Geheimnis hinter der richtigen Entscheidung ist »die Erfahrung«.
Das Geheimnis hinter der Erfahrung ist »die falsche Entscheidung«.
So sind Fehler der AUSGANGSPUNKT EINES JEDEN ERFOLGS.
Also: Sorgen wir uns nicht zu sehr wegen der Fehler, die wir gemacht haben! Wenn wir dranbleiben, führen Fehler letztendlich zum Erfolg.

Die Angst vor Fehlern kann einen hohen Preis haben

»Fehler können einen teuer zu stehen kommen«, hört man oft. Darauf kann man nur antworten: »Aber die Angst vor Fehlern kann einen noch höheren Preis haben.« IM ZWEIFELSFALL IST DIE BESSE-RE WAHL IMMER, ZU HANDELN. Machen wir uns diese Idee anhand eines Beispiels klar:

Nehmen wir an, wir bekommen mit, dass ein Kollege, mit dem wir gut befreundet sind, angeblich schlecht über uns spricht. Wir wissen nicht, ob das stimmt, werden aber das Unbehagen nicht los, dass da etwas dran sein könnte. Einerseits ist es für uns schwierig, den Freund, der sehr empfindlich ist, zu konfrontieren, andererseits können wir das ungute Gefühl nicht ignorieren. Wir wünschen uns aber sehr, dass die Beziehung weiterhin offen und freundschaftlich bleibt und das ungute Gefühl verschwindet. Was können wir also tun?

→ Wir nehmen in Kauf, einen Fehler zu machen, wenn wir den Freund auf das Thema ansprechen, und reden mit ihm. Wenn sich herausstellt, dass wir falschlagen und er nichts Unrechtes getan hat, haben wir damit womöglich einen empfindlichen Menschen verletzt.

→ Dann gestehen wir uns ein, dass wir einen Fehler gemacht haben, lassen unser Misstrauen los und reden offen mit dem Freund. Wir drücken unser Bedauern darüber aus, ihn gekränkt zu haben.

→ Wir überlegen, warum wir zu dieser falschen Annahme kamen. Wenn es ein guter Freund ist, sprechen wir mit ihm darüber.

Wir könnten aber auch auf behutsamere Weise aktiv werden:

→ Wir vertrauen dem Freund, dass er nichts Unrechtes getan hat, verdrängen aber auch unser unbehagliches Gefühl nicht.

→ Wir versuchen, neutral zu bleiben und dabei herauszufinden, wie viel Wahrheit an der Vermutung dran sein könnte, in dem wir aktiv die Augen und Ohren offen halten.

→ Wenn sich unsere Befürchtung doch bestätigt, sprechen wir den Freund darauf an.

Auch bei einem **Konflikt** gilt:
Wir können uns nicht für den **Frieden** entscheiden,
sondern nur für die **Tat.**
Wenn die Tat aber **von ganzem Herzen** getan wird,
folgt der Frieden **von allein.**

[Bhagavadgita 6.3]

Wie der scheinbar einfachere Weg in die Irre führen kann

Ich kam einmal ziemlich abgehetzt und spät zum Bahnhof und erwischte gerade noch den Zug, bevor seine Türen zugingen. Die Bahn fuhr los, ich entspannte mich – und entdeckte, dass ich im falschen Zug saß. Ich war entsetzt und wurde hektisch, aber verstand, dass ich erst mal nichts machen konnte. Ich würde nicht mehr rechtzeitig zu der Veranstaltung ankommen, die ich mit einer Rede eröffnen sollte.

Einen Monat zuvor war ich mir lange unschlüssig gewesen, ob ich die Einladung zu dieser Veranstaltung annehmen sollte oder nicht. Ich hatte sehr viel zu tun und hätte den Veranstaltern am liebsten abgesagt. Aber ein »Ja« zur Teilnahme war einfacher, denn das musste ich nur knapp mitteilen. Ein »Nein« hätte hingegen einer klaren und höflichen Stellungnahme bedurft, da ich die Veranstalter kannte. Vor allem, dachte ich, hätte ein »Nein« ein Fehler sein können, weil ich durch diese Absage womöglich andere Angebote verlieren würde. Ich wollte keinen Fehler machen und mir auch nicht die Mühe machen, einen Absagebrief zu formulieren. So nahm ich den scheinbar bequemeren Weg und gab den Veranstaltern eine Zusage.

Nun konnte ich also doch nicht teilnehmen, da ich im falschen Zug saß. Stattdessen stand ich vor der peinlichen Aufgabe, den Veranstaltern meine Abwesenheit zu erklären. Aus Angst davor, einen Fehler zu machen, hatte ich mich vor einer Absage gedrückt. Nun musste ich mir eingestehen, dass ich einen noch größeren Fehler gemacht hatte, aus dem ich aber etwas lernen konnte: Ein Schleier der Trägheit hatte sich über meinen ursprünglichen Wunsch gelegt, die Teilnahme an der Veranstaltung abzusagen. Dieser heimliche Wunsch aber setzte sich letztlich durch, denn weil mir anderes wichtiger war, kam es überhaupt zu meiner Verspätung. Zudem wurde deutlich, dass aktiv zu sein nicht gleichzusetzen ist mit einem Ja zu allem. Manchmal fordert ein Nein größere Aktivität und entspricht unserem Wunsch viel mehr.

Zeige deine
Ernsthaftigkeit
durch Tun!

Wir können den Erfolg unserer Handlungen, so wie wir ihn uns vorstellen, nicht »bestellen«. Andernfalls hieße das ja, dass wir alles im Leben steuern könnten. Würden wir unserem Willen eine so gewaltige Macht zuschreiben, könnte das leicht dazu führen, dass wir selbstgefällig, arrogant und rechthaberisch werden.

Nun handeln wir ja nicht ziellos oder sinnlos, sondern es sind konkrete Wünsche, die uns aktiv werden lassen. Gedanken und Vorstellungen haben wir uns also sicher schon genug gemacht. Deshalb können wir uns jetzt getrost weniger mit Ziel und Nutzen befassen und der sorgfältigen Ausführung der Tat mehr Beachtung schenken. Wenn uns ein Wunsch wichtig ist, sollten wir uns unbedingt GANZ AUFS TUN FOKUSSIEREN und sehr sorgfältig vorgehen – ohne uns dabei ablenken zu lassen durch Grübeln, Zweifeln, Träumen, Hoffen …

Erst dann kann das, was wir tun, auch wirklich fruchten. Erst dann werden wir mit Genauigkeit und Sorgfalt handeln – so, wie es für einen Erfolg notwendig ist. Sagen wir einfach: Wer beim Säen aufpasst, hat es später leichter beim Ernten! Daher ist es ratsam, beim Handeln achtsam zu sein und die Gedanken an den Erfolg erst mal beiseitezulassen.

Drei Dinge helfen uns, die Nützlichkeitserwägungen zu ignorieren und ganz bei der Aktivität zu sein:

→ Gleichmut gegenüber Misserfolg.
→ Die Aktivität selbst als das Ziel zu betrachten.
→ Sorgfalt beim Handeln.

Gleichmut bei Misserfolgen

Stellen Sie sich vor, Sie würden an einem Sportwettkampf teilnehmen. Sie möchten gewinnen und dürfen sich gerade deshalb auf keinen Fall von Gedanken über Erfolg oder Misserfolg ablenken lassen. An diesem Beispiel ist sehr gut nachvollziehbar, dass ein klares Ziel zwar wichtig ist und man es natürlich im Hinterkopf hat, aber über das Ziel oder den Erfolg während des Kampfs nachzudenken, würde die Konzentration schwächen, und Sie würden verlieren.

In unserer modernen Zeit sind wir alle sehr auf Ziele fixiert. Das Ziel besetzt unser Bewusstsein und beeinflusst jeden Moment unserer Aktivität. Das wird uns sogar konsequent abverlangt – diesen Leistungsdruck kennen wir nur zu gut! Wie beim Training eines Schützen wird das konstante Anvisieren des Ziels zur Pflicht erklärt. Im Englischen spricht man in der Arbeitswelt tatsächlich von »target« – ursprünglich die Zielscheibe beim Schießen. Diese Haltung erzeugt einen Tunnelblick. Sie kann in einem gewissen Rahmen erfolgreich sein, aber sie birgt auf Dauer die Gefahr von Erschöpfung und Burn-out. Auch wenn wir uns noch so stark fühlen, dürfen wir nie vergessen: Unser Lebensweg ist nicht fest kalkulierbar. Wir sind im Leben nicht isoliert in einem eigenen Wagen unterwegs, WIR KÖNNEN NICHT ALLES SELBST STEUERN. Aus diesem Grund sollten wir in der Gewissheit tätig sein, dass wir Erfolg haben werden, und lernen, Gleichmut gegenüber einem möglichen Misserfolg zu entwickeln.

» Sei bereit für **Veränderung** und steige **mutig** in den Konflikt ein, ohne dich mit der **Vorstellung** von **Erfolg** und **Misserfolg** abzulenken. «

[Bhagavadgita 2.38]

Der Weg ist zunächst wichtiger als das Ziel

Dazu fällt mir ein treffendes Bild aus meinem Leben in Indien und Europa ein: das Verkehrssystem der beiden Kontinente. Im Vergleich zu Indien kann man in Europa fast mit Scheuklappen Auto fahren. Man hat sein Ziel, folgt dem Navigator, und wenn man nicht gerade sehr abgelenkt ist, nimmt man leicht alle Hindernisse auf dem Weg zur Kenntnis und kommt wie geplant relativ sicher ans Ziel.

Das ist in Indien absolut undenkbar. Jedem Europäer, der durch Indien reist und es sogar wagt, selbst ein Fahrzeug zu steuern, wird das schnell klar. Man muss im Verkehr ständig ganz und gar aufmerksam sein. Natürlich hat man ein Ziel, wenn man unterwegs ist, und dementsprechend wählt man auch den Weg. Dennoch spielt das für den Fahrer und auch für den Fahrgast die meiste Zeit auf dem Weg kaum eine Rolle, denn der Verkehr ist sehr unübersichtlich, es wird von allen Seiten überholt, und man muss mit Fußgängern und Tieren und vor allem mit den verschiedensten Transportmitteln konkurrieren. Wenn man hier jederzeit richtig reagiert, kommt man in etwa zum geplanten Zeitpunkt wohlbehalten ans Ziel. Man muss aber immer damit rechnen, dass die Fahrt nicht so ablaufen wird wie geplant. Ein gewisser GLEICHMUT GEGENÜBER DEM ZIEL ist also notwendig, um weiterzukommen. Im Grunde kann man jedes Mal dankbar sein, dass das Unterwegssein tatsächlich zum Erfolg führt. Der Weg ist hier zunächst wichtiger als das Ziel.

Ich habe keine Zweifel, dass ein Inder, der zum ersten Mal in Europa Auto zu fahren versucht, eine vergleichbare Erfahrung macht. Immer wenn wir in einer fremden Situation mit ganz neuen Aufgaben konfrontiert sind, werden wir merken, dass wir DAS ZIEL ENTSPANNT ANVISIEREN UND DAFÜR BEIM TUN GENAUER SEIN müssen. Im Nachhinein sind wir dann für jeden Erfolg dankbar, auch wenn er noch so klein ist. Diese Lockerheit und Dankbarkeit gegenüber dem Erfolg müssen wir einüben.

2

Wenn wir in unserer modernen Welt eine Waschmaschine anschalten, können wir relativ sicher sein, dass wir das Ziel, saubere Wäsche zu bekommen, in einer bestimmten Zeit erreichen. Fast genauso sicher werden wir hier in Europa bei einer Autofahrt von 50 Kilometern wie geplant ans Ziel kommen, obwohl so viele andere Menschen, die unterwegs sind, unsere Fahrt beeinflussen können. So ist für den modernen Menschen Misserfolg kaum noch eine Option, und Fehlschläge gehören in der Regel nicht mehr zu seinen Alltagserfahrungen. Umso mehr muss er darauf achten, seine Ziele entspannt anzupeilen und bei einem Misserfolg der Frustration keinen zu großen Raum zu geben. Er muss noch intensiver als andere davor gewarnt werden, sich in Passivität zu flüchten, um einen Misserfolg zu vermeiden.

> Der **Weise** übt Gleichmut,
> indem er sein **Wirken** von Erfolg und Misserfolg
> **unabhängig** macht.

[Bhagavadgita 2.48]

Die Aktivität selbst ist das Ziel

Wir sollten uns also ganz aufs Tun konzentrieren und darauf, alles möglichst gut auszuführen. Dann sitzt uns das sogenannte wirkliche Ziel nicht im Nacken, dann treibt uns kein Termindruck an, sondern die LUST AUFS TUN. Hier lohnt sich der Vergleich zwischen dem Leben eines einfachen Bauern in Indien und dem eines modernen, städtisch lebenden Menschen in Europa. Der BAUER arbeitet auf dem Acker, weil es das ist, was er kann. Er schaut zum Himmel und hofft auf das richtige Wetter für eine gute Ernte. Sein Tagewerk ist anstrengend, und er kann nie wirklich sicher sein, ob seine Mühe belohn wird. Er kann nur hinnehmen, dass sein Einsatz manchmal nicht den gebührenden Erfolg hat, wenn naturbedingte Umstände es so wollen. So lebt der Bauer in einem ganz anderen Bewusstsein als ein STÄDTER. Dieser ist sehr darauf bedacht, alle körperlichen Anstrengungen des Alltags auf ein Minimum zu reduzieren. Er verfolgt dieses Ziel unablässig und legt deshalb großen Wert auf technische Hilfsmittel und Luxusgüter. Er zielt auf eine Maximierung der Freizeit und eine Minimierung der Anstrengung. Er ist zielorientiert, insbesondere in seinen beruflichen Aktivitäten. Er liebt die Übersicht und informiert sich genau über den Werdegang der Dinge, er liebt genaue Prognosen und richtet sein Leben in scheinbar sicheren Bahnen ein. Wenn der Nutzen nicht seinem Einsatz entspricht, ärgert er sich. Da reagiert er wie auf einen Gegenstand, bei dem das Preis-Leistungs-Verhältnis nicht stimmt. Unter dem Einfluss des Nützlichkeitsgedankens zweifelt er so manches Mal am eigenen Tun.

Ohne Zweckdenken entsteht Freiheit

In der FREIZEIT dagegen ist der moderne Mensch durchaus gewillt, Anstrengung auf sich zu nehmen, und zwar mit großer Freude. Er radelt, wandert, turnt und joggt mit Vergnügen und empfindet all das als etwas, das selbstverständlich zu seinem Leben gehört. Er hat natürlich Vorstellungen davon, welchen praktischen, zum Beispiel gesundheitlichen Nutzen seine anstrengenden Freizeitunternehmungen haben, aber das ist zumeist nicht seine Hauptmotivation. Es macht ihm einfach Spaß, jenseits von Nützlichkeitserwägungen. Er misst den Wert nicht an den Zielen, die er erreichen kann. ER GENIESST SEINE AKTIVITÄT, ist überzeugt, dass er sie braucht, und bleibt unabhängig von deren Ergebnis. Die Aktivität selbst wird zum Ziel. Diese Haltung auch im Alltag zu üben, ist ideal, wenn wir den Nützlichkeitsgedanken abschütteln und uns von den Zielen unabhängig machen wollen. So entsteht ECHTE FREIHEIT!

>> Unser **Wille** kann lediglich der **Aktivität** dienen.
Er kann nie über den **Erfolg** verfügen. <<

[Bhagavadgita 2.47]

Ich erinnere mich an die erste Begegnung mit meinem Yogameister 1977. Unser Gespräch verlief in etwa so:

Er: »Und, was willst du?«

Ich: »Ich suche die Erleuchtung.«

Er: »Oh, das verkaufe ich hier nicht!«

Ich: »Nein, nein, so habe ich das nicht gemeint! Ich bin sehr am Yoga und an der Erleuchtungsidee interessiert.«

Er: »Besser wäre Interesse an ein paar Übungen. Lerne sie, führe sie zu Hause regelmäßig aus, und dann schau weiter!«

Nach ein paar Jahren stellte ich ihm dann wieder die Frage nach der Erleuchtung.

»Was passiert, wenn du übst?«, fragte er.

»Ich werde ruhig und achtsam, wenn ich gut übe, und trotzdem wird es mir dabei nicht langweilig. Im Gegenteil, ich fühle mich glücklich.«

»Bleibe weiter dran, vielleicht geschieht ja etwas«, beendete er das Gespräch.

Etwas passierte tatsächlich im Laufe der Zeit, etwas, das ich nicht erwartet hatte. Ich verstand irgendwann kristallklar: »Das Ziel ist nicht da, um erreicht zu werden, sondern um auf dem Weg und in Bewegung zu bleiben!« Das war ein erleuchtendes Erlebnis.

Über die Sorgfalt beim Tun

Wenn wir in der Produktionshalle einer Fabrik oder in einem großen Büro stehen, sehen wir, mit welcher Präzision viele Menschen täglich arbeiten. Wenn Sie durch Indien reisen, fällt Ihnen in jedem Basar auf, wie sorgfältig und akkurat die Verkäufer ihre Waren angeordnet haben, seien es Gemüse, Obst, Kleider oder sonstige Dinge. Immer dann, wenn die Genauigkeit nicht nur mechanisch – wie am Fließband – ausgeübt wird, sondern wirklich gefühlt ist, geschieht etwas wie bei einem präzise zusammenspielenden Orchester. Es entsteht Harmonie, eine Stimmung, in der wir unser Tun lieben und zielvergessen unserer Aktivität nachgehen können. Und das passiert nicht nur in einem Orchester oder auf einer Bühne. Das kann genauso gut in einer Großküche, Fabrikhalle oder überall passieren, wo viele Menschen gemeinsam an etwas arbeiten, sogar auf der Straße. Wenn wir uns als Teil eines solchen Gemeinschaftswerks verstehen, macht uns nicht nur die Arbeit viel mehr Spaß, sondern das Ergebnis unserer Arbeit wird auch viel besser sein, und das Zweckdenken wird immer mehr nachlassen.

Präzision und Gleichmut

In einer Kultur, die sich ans Dritte Reich erinnert, kann dieses Bild irritierend wirken. Denn Präzision wird in jeder Armee als hohe Tugend gefeiert. Dennoch: Eine gute Musikgruppe, eine tolle Filmcrew, jedes Sportlerteam kann nachvollziehen, wie wichtig, aber auch wie schön das präzise, achtsame Zusammenspiel sein kann. Das weiß übrigens jeder, wenn er an etwas denkt, das er sehr gern tut. Wie sorgfältig wir uns die Haare kämmen oder uns das Kleid zurechtzupfen können, wenn wir vor einem Spiegel stehen! Mit welcher Sorgfalt wir unser wertvolles Auto sauber machen oder das geliebte Blumenbeet vom Unkraut befreien! SORGFALT IST BESEELTE PRÄZISION, und diese ist sehr förderlich, um Wünsche zu erfüllen, leider auch böse und gefährliche Wünsche. Seien Sie sich dessen aber gewiss: Wer nicht nur sorgfältig ist, sondern auch gleichmütig gegenüber Erfolg und Misserfolg, und das Tun selbst als das Wichtigste betrachtet, kann keine zerstörerischen Ziele verfolgen.

Im Angenehmen und Unangenehmen sorgfältig

Dass auch ein Dieb sorgfältig arbeitet, sollte uns nicht von der Sorgfalt abhalten. Stellen Sie sich einmal vor, Sie würden zwei Briefe schreiben, ins Kuvert stecken, mit Briefmarken versehen und abschicken. Sie machen die Briefe ganz sorgfältig fertig, da beide sehr wichtig sind. Einer enthält ein Geschenk an eine Freundin, die Sie lieben, und der andere enthält eine nachdrückliche Warnung an eine andere Freundin, von der Sie nie wieder etwas hören wollen. Ist Ihnen das Tun wichtiger als das Ergebnis, werden Sie sich nicht von Gefühlen hinreißen lassen, sondern sorgfältig und gelassen vorgehen, sodass die klaren Worte in beiden Briefen Ihre jeweiligen Gefühle auf ruhige Weise widerspiegeln.

Auch beim Yogaüben geht es um Sorgfalt

Zu mir kommen oft Menschen, die körperlich nicht ganz so beweglich oder kraftvoll sind und viele Beschwerden haben. »Ist Yoga überhaupt etwas für mich?«, fragen sie unsicher. Ich kann allen nur die gleiche Antwort geben, die ich oft von meinem eigenen Lehrer gehört habe: »Bei den Yogaübungen kommt es letztlich nicht auf die Intensität oder Komplexität der Übung an. Komplexe und intensive Übungen können Sie in Turn- und Gymnastikschulen lernen. Hier kommt es wirklich nur auf die Sorgfalt an, mit der Sie die Übungen machen, auch wenn diese ganz einfach sind. Dann werden Sie sich erfrischt und entspannt fühlen.« Das Prinzip Sorgfalt ist im Yoga sehr wichtig. Wir lernen dabei nicht nur, frei von Zielfixierungen zu werden, sondern auch, Abstand zu uns und unseren Vorstellungen zu üben.

Gelassenheit finden

Indem wir uns ganz aufs sorgfältige Tun konzentrieren und uns nicht von Erwartungen, Befürchtungen, Hoffnungen ablenken oder unnötig unter Druck setzen lassen, finden wir zu einer gelassenen Haltung.

Weisheitsgeschichte

Ein mächtiger König in seinem Turm wird nicht von den Geschehnissen außerhalb der Mauern beeinflusst, es sei denn, es ginge um Leben und Tod. Die äußeren Kräfte, die den Turm bedrohen, werden nicht bis zum König vordringen, sondern treffen nur auf die Wächter am Tor. Diese führen die Verhandlungen, und der König wird mit solchen Dingen nicht behelligt. Der Konflikt wird am Tor zwischen den Wächtern und der Außenwelt ausgetragen. Der König überlässt alle Aktivitäten den Wachposten und lebt unbeeinflusst und glücklich im Turm.

Der Körper ist ein Turm mit neun Toren. Die zwei Augen, zwei Nasenlöcher, zwei Ohren, der Mund, der After und die Geschlechtsöffnung sind die Tore, und das SELBST ist der König im Turm. Alle Organe, die auf REIZE reagieren, einschließlich des Geistes und der Sinne, mögen beschäftigt sein mit diesen Reizen. Wir selbst aber können Betrachter dieser Beschäftigung der Organe bleiben, ohne uns ihrem Einfluss oder ihrer Geschäftigkeit auszuliefern. Um gelassen zu werden wie der König im Turm, sollten wir unsere Fähigkeit schulen, von Reizen nicht abgelenkt zu werden. Dann empfinden wir das, was in Körper und Geist passiert, nicht mehr als anstrengend oder störend, und wir können uns viel entspannter für unsere Wünsche einsetzen.

Wir können sogar mitten in einer komplexen Aktivität friedlich in unserem Körper ruhen, wenn wir Betrachter bleiben und dem Körper samt Organen das Aktivsein überlassen.

[Bhagavadgita 5.13]

Bloß kein
falsches Mitleid,
das tut niemandem gut!

Ist mein Wunsch angemessen? Bringe ich jemand anderen damit in
Bedrängnis? Wie viel Rücksicht muss ich nehmen? Wie resolut darf
ich mich Menschen entgegenstellen, die mich hindern könnten, meinen Wunsch zu verwirklichen? Mit diesen Fragen bremsen wir uns oft
aus und zögern, unseren eigenen Wunsch weiter aktiv zu verfolgen.

Eins plus eins gleich Konflikt

Wir leben in einer Gesellschaft, in der jeder viele Wünsche hat, und
dabei entstehen zahlreiche Interessenskonflikte. Es ist illusorisch, dass
all die fairen, unfairen, realistischen und unrealistischen Wünsche
sämtlicher Menschen innerhalb einer Interessensgruppe in Erfüllung
gehen könnten. Selbst wenn sie alle berechtigt sind, stehen viele
Wünsche im Konflikt zueinander. Nicht jeder kann die Prinzessin er-
gattern, auch wenn sich das viele wünschen. Die tolle Stelle, die aus-
geschrieben wird, bekommt nicht jeder Kompetente, der sich darum
bewirbt. Konkurrenz, Eifersucht, List und Kampf sind folglich vorpro-
grammiert in sämtlichen kleinen und großen Gruppen. Das geschieht
innerhalb der Familie, in einem Verein, im Arbeitsteam, in der Gesellschaft und unter Nationen. WER WÜNSCHE HAT, MUSS AUCH
KONFLIKTBEREIT SEIN. Wie gehen wir damit um?
In der Politik, aber auch allgemein unter uns Menschen herrscht oft eine
Stimmung wie in dem Kinderlied: »Fuchs, du hast die Gans gestohlen,
gib sie wieder her! Sonst wird dich der Jäger holen mit dem Schießge-

wehr!« In diesem Kinderlied ist überhaupt nicht klar, ob die Gans jemandem gehört hat und wer dem Jäger das Recht gibt, den Fuchs zu bestrafen. Woher nimmt sich der Jäger dieses Recht? Dennoch wird auf der ganzen Welt – wie im Lied – mit Gewalt gedroht. Ob Erziehung, Geschäft, Beziehungen oder Politik, diese Stimmung erleben wir täglich, in uns und um uns, überall. Deshalb sind viele von uns der Konkurrenz und des Kampfes überdrüssig.

Der konfliktmüde Mensch

Wir wollen oft am liebsten gar nichts mit all den Konflikten zu tun haben und suchen einen sanften Ausweg aus dem Konkurrenzkampf. Durch das Gefühl der Müdigkeit und Ohnmacht entsteht in uns der Impuls: »Bloß keine Konflikte!« Dann möchten wir lieber mit niemandem zu tun haben und allein sein, um Konfliktsituationen auszuweichen und Ruhe zu finden.

Das ist aber überhaupt KEIN AUSWEG. Erstens werden uns auch in der Abgeschiedenheit oder im Singleleben reichlich widersprüchliche Interessen beschäftigen, denn unser eigener Kopf kann genug Konflikte entwerfen und uns die ersehnte Ruhe zunichtemachen. Zweitens gibt es auf der Erde absolut keinen Wunsch, den man vollkommen im Alleingang verwirklichen kann. Entsteht ein Wunsch, dann wird sogleich ein Gegenüber notwendig. In den »Veden« heißt es: »Brahma wünschte, so schuf es die Welt.« Brahma ist hier das göttliche, schöpferische Prinzip. Sogar dieses Brahma konnte nicht im Alleingang den Zustand der Erfüllung erreichen und schuf daher die Welt!

Um Gesellschaft völlig vermeiden zu können, muss man wunschlos sein. Man sagt zwar, dass der wahre Meister absolut keine Wünsche habe und völlig autark sei, aber ein solcher wahrer Meister muss man erst mal werden. Deshalb ist es für die meisten von uns einfacher und sinnvoller, Konflikte in Kauf zu nehmen und dafür lieber zu lernen, wie wir auf eine faire Weise mit anderen Menschen konkurrieren.

2

> Alle Menschen sind **gleichwertig.**
> **Wenn wir uns dessen bewusst bleiben,**
> empfinden wir das Glück und das Leid des **anderen**
> wie unser **eigenes.** Das ist wahres Mitgefühl!

[Bhagavadgita 6.32]

Eine faire Lösung

Welche Wege gibt es, in Konfliktsituationen eine möglichst faire Lösung zu finden? MITGEFÜHL ist eine der höchsten Tugenden, die ein Mensch in solchen Situationen üben kann. Der Buddha, einer der größten Meister, den die Welt kennt, hat es als zentrale Tugend hervorgehoben. Aber auch Jesus und in unserer Zeit Mahatma Gandhi betonten den unermesslichen Wert des Mitgefühls. Ihre Biografien weisen interessante Gemeinsamkeiten auf: Beide standen mitten in einer politisch brisanten Gesellschaftssituation. Vergebung und Kampf schlossen sich für sie nicht aus. Sie kämpften nicht für eine Gerechtigkeit, die einseitig Schuld zuweist, dennoch kämpften sie als unnachgiebige Widerständler. Es gab kein falsches Mitleid, das ihr Sinnen oder ihr Tun hemmte. Im Gegenteil: Mitgefühl war für sie ein Mittel, um den Kampf zu einem gerechten Ende zu führen.

Falsches Mitleid – was ist das?

Was ist diese Form von Mitgefühl, die man »falsches Mitleid« nennen kann? Es ist ein Mitleid, das die persönliche Überzeugung schwächt und das eigene Bedürfnis verschleiert. Es kann uns zu einem Schritt verleiten, von dem wir nicht wirklich überzeugt sind. Ein solches Mitleid bringt mehrere Probleme mit sich:

→ Es erschöpft uns.

→ Es fördert ein pessimistisches Weltbild.

→ Es ruft in uns Selbstmitleid hervor.

Unter Geschwistern passiert es häufig: Ein Kind steckt seinen Wunsch – freiwillig oder unter Druck der Familie – zugunsten eines gesundheitlich schwachen, aber anspruchsvollen kleineren Geschwisters zurück. Es wird zum Beispiel dazu erzogen, sich nicht gegen das schwache, kleinere Geschwisterkind zu wehren, sondern besonnen und großzügig zu sein. Solche Situationen sind manchmal unvermeidlich. Leider wird dabei oft das falsche Mitleid gefördert. Das jüngere Kind lernt nicht, selbstständig für sich zu kämpfen, und das mitleidvolle ältere wird sich zwar vermutlich zu einem tüchtigen Menschen entwickeln, seinen eigenen Interessen aber oft zu wenig Wert beimessen.

Grenzen setzen ohne falsches Mitleid

Viele Mütter leiden darunter, dass sie ihren kleinen Kindern gegenüber nicht energisch und resolut auftreten können. Sie wollen fair sein und möchten ungern aggressiv oder selbstsüchtig wirken. Einem hartnäckigen Kind Widerstand zu leisten, ist alles andere als leicht! Hingegen ist es erst mal leichter, nett zu sein und den Forderungen des Kindes nachzukommen. In der Pubertät jedoch nehmen diese Forderungen ungeahnte Dimensionen an, sodass es auf einmal leichter wirkt, aggressiv zu werden, als auf den Jungen oder das Mädchen einzugehen. Zu diesem Zeitpunkt hat uns das zu lange kultivierte falsche Mitleid schon längst erschöpft und verursacht nun große Probleme.

In lebensbedrohlichen Situationen wäre falsches Mitleid noch fataler. Tiermütter wissen das und verteidigen ihre Jungen aggressiv bei Gefahr. Ist das Gewalt? Wie soll sich ein Rettungsschwimmer verhalten, der gerade einen Nichtschwimmer retten will? Ein panischer Nichtschwimmer ist im Wasser nicht nur unbeholfen, sondern er verhält sich so, dass er sowohl das Retten erschwert als auch das Leben des

Retters gefährdet. Wie könnte der Retter anders reagieren, als sich klar durchzusetzen? Soll er mehr geben – in diesem Fall sein Leben –, als er empfangen wird? Wenn wir das Gefühl bekommen, dass wir mehr geben als empfangen, ist es sowieso längst kein Mitleid mehr, sondern nur der Auslöser für Selbstmitleid. Wer mit dem Gefühl gibt, dass er beim Geben profitiert oder etwas verliert, ist im übrigen ein Händler. WIR KÖNNEN LERNEN, MITGEFÜHL ZU HABEN UND DENNOCH WIDERSTAND ZU LEISTEN. Der Weg dahin ist nicht leicht, aber es gibt folgendes Modell dafür aus der altindischen Kampfkunst.

Wie löst man einen Konflikt? Ein Modell aus Altindien

»Einlenken, entgegenkommen, warnen, angreifen«, heißt die Regel eines fairen Kampfes, die ich jetzt mit zwei Beispielen erläutere. Nehmen wir das Beispiel von einem Kind, das in unseren elterlichen Augen für sein Alter zu viele Freiheiten verlangt. Wir reden und lösen liebevoll den Konflikt mit ihm. Wenn das nicht klappt, erfüllen wir ihm einen Teil seiner Forderungen. Wenn der Konflikt damit kein Ende nimmt und das Kind sich nicht zufriedengibt, machen wir ihm die Konsequenzen, die folgen müssen, klar. Wenn unser Kind trotzdem nicht einverstanden ist, werden wir keine andere Wahl haben, als die Konsequenzen hart durchzusetzen. Dieser Prozess von Gespräch, Klärung und aktivem Durchsetzen ist immer wieder notwendig, auch wenn er schon viele Male stattgefunden hat.

Wir wollen mit einem solchen Vorgehen keine »Verhaltensmodifikation« anstreben, sondern lediglich einen Weg für die Lösung eines aktuellen Konflikts mit unserem Kind finden. Wir wollen auf eine möglichst faire Weise unsere Rechte und Pflichten als Eltern durchsetzen, damit unser Wunsch – das Wohlergehen des Kindes – erfüllt wird. In diesem Beispiel haben wir zuerst eingelenkt und Verhandlungen angeboten, dann sind wir ihm ein Stück entgegengekommen, mussten danach angesichts der hartnäckigen Haltung des Kindes eine klare Warnung aussprechen und schließlich durchgreifen.

Nehmen wir als zweites Beispiel eine Situation an, in der wir mit unseren eigenen Eltern in einen ähnlichen Konflikt geraten. Die alternden Eltern wollen, dass wir oft bei ihnen sind – viel öfter, als wir das möchten. Wir lenken ein, indem wir liebevoll mit den Eltern sprechen und versuchen, ihnen mehr Verständnis für unser eigenes Leben zu vermitteln. Sollte das nicht reichen, kommen wir ihnen entgegen, indem wir Verständnis für ihre Einsamkeit oder Langeweile zeigen und nun doch etwas mehr Zeit für sie finden, als wir zu haben glaubten. Wenn die Eltern nicht aufhören, nach mehr zu verlangen, drohen wir ihnen mit deutlicher Abgrenzung, fordern Verständnis für unsere eigenen Aufgaben und machen ihnen klar, wie negativ sich eine Verstimmung auf die Beziehung auswirken würde. Wenn sich die Situation trotzdem nicht beruhigt, lehnen wir uns aktiv gegen die Forderungen der Eltern auf. Dabei bleiben wir jedoch gelassen und verurteilen sie nicht, sondern handeln in der Gewissheit, dass wir uns lediglich um eine realistische Lösung für ein friedliches Miteinander bemühen.

Zähne zeigen, aber fair bleiben

Dass die Wünsche aller Konfliktparteien gleichermaßen in Erfüllung gehen, ist meist nicht möglich. Entscheidend ist nur, dass wir bei solchen Auseinandersetzungen auf eine menschliche, faire Weise miteinander umgehen. Eventuell müssen wir in Kauf nehmen, manchmal Dinge zu tun, die auf Außenstehende nicht gerade mitfühlend wirken. Für diese kann unser Verhalten dann hart und kämpferisch, sogar selbstsüchtig aussehen. Wenn wir aber unseren Standpunkt verantwortungsbewusst in Wort und Tat vertreten haben, müssen wir uns behaupten und für unsere Interessen mutig einstehen.

Mitgefühl ist Menschlichkeit. Falsches Mitleid aber ist eine gefährliche Schwäche der Persönlichkeit. Mitgefühl hat Konturen und Kanten. Es ist und kann nicht immer alles rund sein. Oft handelt es sich um falsches Mitleid, wenn wir etwas rund machen wollen. Hauptsache, wir sind uns selbst gegenüber ehrlich, was den FAIREN UMGANG mit dem Gegenüber betrifft. Wenn wir aus Scheu, Zaghaftigkeit oder falschem Mitleid auf aktiven Widerstand verzichten, handeln wir uns womöglich eine Eskalation des bestehenden Problems ein.

Respektiere dein Energiepotenzial!

Die Menschheit hat sich seit Beginn des Technologiezeitalters ziemlich viele Wünsche erfüllt. Sie hat zahlreiche Krankheiten besiegt, sehr beschwerliche alltägliche Aufgaben immens erleichtert und sich in vieler Hinsicht von der Unterwerfung durch andere befreit. Dennoch kann man nicht behaupten, dass der moderne Mensch mehr in sich ruhen würde als seine Vorgänger oder kräftiger oder widerstandsfähiger wäre. Im Gegenteil. Auch wenn der Mensch heute im Vergleich zu früher ein luxuriöses und bequemes Leben führt, wirkt er oft ziemlich angetrieben von seinen Vorstellungen und rastlos. Auch wenn er zum Beispiel bei relativ guter Gesundheit ist und lange lebt, leidet er an vielen Beschwerden. Angesichts der Häufigkeit, mit der die sogenannten Immunerkrankungen einschließlich aller Formen von Allergien die Menschen heute belasten, lässt sich sagen: Die Widerstandskraft des modernen Menschen ist nicht sonderlich groß. Das gilt nicht nur für die körperlichen Belange. Auch im emotionalen Bereich scheint er ziemlich empfindlich und reizbar geworden zu sein. Das

Phänomen Burn-out ist ein relativ modernes Krankheitsbild. Sein Hauptsymptom ist die vollkommene Erschöpfung bis hin zur Apathie. Was geht hier schief, dass wir, statt stark und widerstandsfähig zu werden, schwach und empfindlich sind? Der moderne Mensch kann sich heute viel mehr leisten als früher, kann viel mehr Weltliches erlangen und deutlich länger leben. Doch wie viel Energie ihm in verschiedenen Lebenssituationen zur Verfügung steht, ist und bleibt sehr individuell. DIESES PERSÖNLICHE MASS zu kennen und zu respektieren, ist wichtig – ob es um Schlaf, Essen oder andere Tätigkeiten oder um Beziehungsangelegenheiten geht. Allein diesem Maß entsprechend werden die Wünsche in Erfüllung gehen.

Weisheitsgeschichte

Ein Mönch war unterwegs zu einem großen Heiligtum. Nach langer Wanderschaft erblickte er den Berg, auf dem die heilige Stätte stand. Er war müde geworden und fragte eine Bäuerin, die auf dem Feld arbeitete, wie lang der Weg dorthin noch sein würde. Sie schwieg.
Er fragte noch mal, sie machte aber nur ein unbestimmtes Geräusch. »Anscheinend ist sie taub«, sagte er sich und lief weiter.
Nachdem er schon einige Schritte gemacht hatte, hörte er sie rufen: »Zwei Tage, Meister, es wird zwei Tage dauern!«
»Warum hast du mir das nicht gleich gesagt?«, fragte er verwundert. Darauf erwiderte sie: »Du standst, als du mich fragtest. Erst seit ich weiß, wie schnell deine Schritte sind, kann ich dir eine Antwort geben.«

Das ist schlichte Bauernschläue. Sie ist notwendig. Sonst machen wir uns eine Vorstellung davon, wie lange es dauern kann, einen Wunsch zu realisieren, ohne zu berücksichtigen, in welchem Maße wir uns überhaupt darum bemühen können!

Vergleiche dich nicht mit anderen

… aber kenne die eigenen Grenzen: Das ist die wichtigste Regel, um »Stress« und Erschöpfung zu vermeiden und in gesunder Harmonie mit unserer persönlichen Energie zu handeln. Wo ist der viel beschworene Geist des modernen Individualisten, der doch so oft in Dauerkonkurrenz mit anderen steht und dabei die individuellen Grenzen und Fähigkeiten nicht berücksichtigt beziehungsweise gar nicht sieht? Hier muss der moderne Mensch umdenken, wenn er tatsächlich originell sein will. Denn DAS WIRKEN DES WAHREN INDIVIDUALISTEN IST MASSGESCHNEIDERT. Es passt sich seinen persönlichen Bedürfnissen und Interessen an. Mein Großmeister des Yoga sagte deshalb: »Ein guter Lehrer unterrichtet achtsam, er unterrichtet das, was für den Schüler passend ist, und nicht das, was für ihn selbst passt!«

Motivation durch Konkurrenz?

Der sogenannte innere Leistungsdruck ist selten wirklich eine innere Angelegenheit. Er ist eine Folge des Vergleichens und des Wettbewerbs. Kann eine Gebärende mit einer anderen darum konkurrieren, wie schnell sie das Kind auf die Welt bringt? Möglich ist das in unserer modernen Welt schon, würde das aber Sinn machen? Kann irgendjemand auf dieser Erde bezüglich der Lebenslänge mit jemand anderem wirklich in Konkurrenz treten?

Bei den wichtigsten Themen des Daseins, nämlich Geburt und Tod, sieht man, wie unzulänglich die Motivation durch Vergleich ist. Ähnlich ist es bei allen Themen und Wünschen, die uns wirklich wichtig sind: Der Vergleich sollte keine Rolle spielen. Denn die Motivation, die uns der Vergleich gibt, ist oberflächlich und teilweise gefährlich. NICHT ALLES, WAS MACHBAR IST, MACHT SINN. Nur das, was für uns selbst wirklich sinnvoll ist, sollten wir auch in Angriff nehmen.

Das Konkurrenzdenken kann zerstören

Dank des Konkurrenzdenkens könnten wir Menschen heute die Erde x-tausendmal sprengen. Das bringt uns in keiner Hinsicht weiter, auch wenn wir uns mittels weiterer neuer Konkurrenzkämpfe Mars und Mond zu eigen machen. Nein, wenn der moderne Mensch wirklich seinen Individualismus feiern will, dann muss er aufstehen, sein EIGENES MASS erkennen und damit aufhören, sich über den Vergleich mit anderen zu definieren. Darin besteht echter Individualismus. Wenn wir uns nicht mit anderen vergleichen, haben wir auch kein Bedürfnis, andere zu beherrschen. Dann reagieren wir in Konflikten nicht aggressiv, und echtes Mitgefühl kann entstehen. Auf diese Weise findet ein Mensch zu seiner INDIVIDUELLEN GRÖSSE.
Es gibt zwar ein Alter, in dem man den Vergleich braucht, um die eigenen Kräfte zu messen: Jugendliche loten ihre Risikofreude und ihren Mut aus, indem sie miteinander um irgendeine Sache wetteifern. Dieses Kräftemessen aber wird pathologisch, wenn es nicht nach einer gewissen Lebensphase wieder verschwindet.

Du selbst bist das Maß der Dinge

Vor vielen Jahren kam ein Cousin von mir in den Unterricht. Er war Teenager und körperlich etwas klein geblieben. Er wollte unbedingt größer werden und fragte mich, ob ihm Yoga helfen könne. In meinem Eifer als frischgebackener Yogalehrer ermutigte ich ihn und wählte passende Übungen für ihn aus. Sein Bruder, der ebenfalls noch wachsen wollte, bekam das mit und kam einen Monat später auch zu mir. Meine Tante, ihre Mutter, war klein gebaut und mein Onkel groß – ich sagte mir also, dass es zumindest bei einem von den beiden Jungen gelingen müsste! Ich stellte für jeden ein spezielles Übungsprogramm zusammen, Übungen an der Stange eingeschlossen. Beide kamen täglich morgens zu mir und übten fleißig, jeder für sich.

Dass jeder Cousin individuell auf ihn abgestimmte Übungen machte, entsprach dem Grundprinzip der Yogalehre meines Meisters. Der Yoga muss dem Menschen angepasst werden, damit dieser erst mal sich selbst und seinen Körper kennenlernt. Wenn er Yoga als einen Übungsstandard sieht und versucht, sich dessen Maß anzupassen, lernt er nichts über sich selbst und seine Bedürfnisse. Wenn der Übende sich aber auf dem Yogaweg zu spüren und seinen Körper zu kennen beginnt, dann sind die Übungen für ihn sinnvoll.

Das eigene Maß finden und akzeptieren

Leider wollte wohl die Natur nicht, dass meine Cousins viel größer wurden. Ich beschäftigte mich ein Jahr mit ihnen, und es passierte nicht viel. Der eine freute sich aber über die Kraft, die ihm die Körperübungen gaben, und dass er beim Rennen nicht mehr außer Atem geriet. Er entwickelte sich zu einem charmanten und Zuversicht ausstrahlenden kleinen jungen Mann. Den anderen Cousin sah ich erst nach einigen Jahren wieder und war erschrocken, weil sein Körper und sein Gesicht aufgedunsen wirkten und die Haut schlecht geworden war. Erst auf den zweiten Blick bemerkte ich, dass er auch gewachsen war. Er verriet mir, dass er zwei Jahre lang in einen Fitnessclub gegangen sei, wo er neben Übungen auch ein teures Getränkepulver bekam, das diese Nebenwirkungen auslöste. Da dachte ich mir: »Nicht der Vergleich mit anderen sagt uns, wie groß oder wie gut aussehend wir wirken, sondern die Zuversicht, die wir ausstrahlen.«

Wir müssen nicht wie die anderen sein. Was der eine als gut empfindet, ist nicht unbedingt gut für den anderen. Es ist besser, erst mal das eigene Maß zu erkennen. Dann kann man immer noch herausfinden, wie weit man dieses zu überschreiten in der Lage ist. Finde dein Maß, das für dich passend ist, und handle entsprechend – nicht weniger, aber auch nicht mehr. ACHTE AUF DEIN ENERGIEPOTENZIAL, wenn du aktiv bist, dann weißt du auch gleich, was für dich gut ist!

Sich zu vergleichen, kann gefährlich werden

Eine meiner indischen Schülerinnen kam einst mit Tränen in den Augen zu mir. Ihr lebenslustiger Mann, den sie sehr liebte, hatte eine Affäre mit einer gemeinsamen Kollegin. Sie wollte Trost und bat mich um Rat. Ich meinte, dass sie nicht gleich die Ehe aufkündigen solle, und riet ihr, abzuwarten, bis das Verhältnis der beiden anderen abkühlte. Die Ehe verlief dann wieder in normalen Bahnen. In den folgenden Jahren merkte ich einen Wandel bei der bisher eher in sich gekehrten Frau. Sie versuchte, ihrem Mann gleich, extrovertierter zu wirken und gab sich immer lustiger und forscher. Nachdem einige Jahre seit ihrer Ehekrise vergangen waren, kam sie eines Tages wieder in gedrückter Stimmung zu mir. Diesmal war sie selbst in eine Liebesbeziehung verwickelt mit einem Nachbarn, der inzwischen Forderungen an sie stellte, die sie unmöglich erfüllen konnte. Die Frau hatte sich offensichtlich in ihrem Bestreben, genauso lebenslustig zu sein wie ihr Mann, selbst unter Zugzwang gestellt und sich so in eine Affäre hineinmanövriert. Damit ließ sie sich in etwas ein, wozu sie von ihrem Wesen her gar nicht bereit war.

Wie können wir das eigene Maß finden?

→ Trägheit ist für die Wunscherfüllung schlecht, Eile aber ist schlechter. Auf die AUSDAUER kommt es an; und hier ist das Tempo unerheblich. Wenn Sie ankommen wollen, bleiben Sie einfach dran, und vergleichen Sie sich mit niemandem!

→ Wenn wir wie besprochen weniger zweckorientiert sind und stattdessen die ACHTSAMKEIT BEIM TUN stärken, werden Körper und Geist uns deutlich signalisieren, wann das Maß erreicht ist.

→ Ob körperliche oder emotionale Anstrengung – der eigene Atem ist eine genaue und einfache Messlatte für unser Energielevel. Es ist ratsam zu LERNEN, DEN ATEM ZU SPÜREN und seine Muster zu kennen. Die nachfolgende Übung wird dabei hilfreich sein.

2

ÜBUNG

Über den Atem zur Ruhe finden

Der Atem hilft Ihnen, das sanfte Starren, das Sie bereits auf Seite 52 kennengelernt haben, weiter zu verlängern und so noch ruhiger und entspannter zu werden.

→ Sitzen Sie in entspannter Haltung auf einem bequemen Stuhl. Lehnen Sie sich ruhig zurück, und lassen Sie die Knie auseinanderfallen. Legen Sie beide Hände auf den unteren Bauch.

→ Entspannen Sie sich, damit der Atem ruhig werden kann. Lassen Sie den Unterkiefer fallen, sodass sich auch die Wangenmuskeln entspannen.

→ Jetzt suchen Sie irgendeinen klaren Bezugspunkt, der in Ihrer Blickrichtung liegt – zum Beispiel ein kleines Objekt, einen bunten Fleck oder eine Türklinke. Mit offenen Augen fixieren Sie Ihren Blick auf diesen Punkt.

→ Ärgern Sie sich nicht, wenn die Gedanken abschweifen, sondern spüren Sie dann eine Weile nur den Atem – und bewegen Sie anschließend die Aufmerksamkeit entspannt zurück zum Blick.

→ Wenn Sie das Bedürfnis zu blinzeln haben, öffnen Sie die Augen ein wenig weiter, um das Blinzeln zu verhindern, und verfahren nach dem gleichen Schema: Richten Sie Ihre Aufmerksamkeit für kurze Zeit auf den Atem – und dann wieder zurück auf den stillen, unentwegten Blick.

→ Kehren Sie auf diese Weise nach jeder Abschweifung der Gedanken und vor jedem Blinzeln über den Atem zu Ihrem Objekt zurück. Bauen Sie so eine lange, ununterbrochene Phase des sanften Starrens auf.

Bei dieser Übung lernen Sie, wie Sie mithilfe des Atems die Länge und die Intensität des ruhigen Blicks steigern können. Durch lange Phasen des sanften, aber steten Blicks werden Sie sich allmählich tief entspannen, und Ihre Gedanken werden ruhig. Genießen Sie diesen Zustand!

Das Leben ist Tun!

Manchmal überkommt uns der Wunsch, aus dem Leben auszusteigen und nichts mehr zu tun zu haben mit Konflikten, Enttäuschungen oder Ärger. Dieser Wunsch ist leider nicht realistisch. ES GIBT KEINEN AUSSTIEG AUS DEM TUN. Das Leben wird es nicht zulassen, dass wir aus ihm aussteigen. Denn der einzige Weg, um zu lernen und etwas beim nächsten Mal besser zu machen, ist das Tun. In Indien sagt man: Sogar Gott hat sein Werkzeug nicht an den Nagel gehängt, sondern er ist weiter eifrig beim Erschaffen, damit der Mensch vielleicht doch irgendwann vernünftig wird!

Aussteigen funktioniert nicht

In der Bhagavadgita sagt Krishna, der auch das göttliche Prinzip verkörpert, zu seinem Schüler Arjuna, als sich dieser dem Kampf nicht stellen will: »Nicht mal ich kann mich zurücklehnen, nachdem ich die gesamten Welten geschaffen habe, und sagen: ›Ich steige aus.‹ Vielmehr muss ich weiter dranbleiben an der Schöpfung, zum Beispiel hier bei dir sein und deine Entwicklung unterstützen!« Nein, keine Chance, es gibt keinen Ausstieg! Das wird dir einfach nicht gelingen!

Manch einen überkommt irgendwann das Bedürfnis, noch mal etwas völlig Neues zu machen, um sich wieder frei und lebendig zu fühlen. Dann ist es ganz wichtig, sich darüber im Klaren zu sein: Natürlich ist es möglich, dass wir etwas ganz Neues viel besser machen, aber das wird nicht frei von Anstrengung und Konflikt möglich sein und frei von Tun schon gar nicht. Es ist nicht die Tätigkeit an sich, die uns das Gefühl gibt, abhängig zu sein, und die Sehnsucht nach mehr Freiheit wachsen lässt. Es ist vielmehr die ERWARTUNGSHALTUNG, die uns bindet und unfrei macht.

> In dem Augenblick, da die **Erwartungen** aufhören,
> wird die Aktivität **mühelos.**

[Bhagavadgita 4.20]

Eine neue Einstellung zum Tun

Wer aussteigen will, muss sich das schon gut überlegen. Sonst ist die Tür womöglich versperrt, wenn wir später wieder einzusteigen versuchen! Ziehen wir uns also aus Enttäuschung nicht vom Handeln zurück, sondern nur von der Erwartung, mit der wir handeln! Versuchen wir, uns mitten im Berufsleben wie ein Rentner zu fühlen und ALLE DINGE MIT DER EINSTELLUNG ZU TUN, DASS WIR SIE TUN MÖCHTEN! Das Ergebnis, nämlich das Gehalt, wird uns sowieso zuteil. Wenn wir uns aber ein anderes Ergebnis wünschen als das, was wir bekommen, dann müssen wir uns aktiv für diesen Wunsch einsetzen und das Notwendige tun. Wenn wir zum Beispiel für unsere Tätigkeit ein höheres Gehalt bekommen möchten, kämpfen wir eben für diesen anderen Lohn: nicht mit der Einstellung, dass der Kampf unangenehm ist, sondern mit der, dass wir kämpfen möchten. Das wird sicher zu einer besseren Lösung führen.

Nicht ums Was, sondern ums Wie geht es

Hier ein Beispiel von einem Menschen, der das, was er tat, satthatte und einen totalen Ausstieg in ein neues Leben wagte. Ein Freund von mir, Major in der Armee und dort bisher eigentlich glücklich, beklagte sich: »Die aggressive Stimmung in der Armee tut mir wirklich nicht gut.« Er wünschte sich, ein friedliches Leben zu führen, und entschied eines Tages, aus seinem Beruf auszusteigen und von der kleinen Rente zu leben. Er kaufte ein Grundstück weit außerhalb der Stadt, baute

Gemüse an und führte ein einfaches Leben als Einzelgänger. Nach einem halben Jahr merkte er, dass die Kinder seiner Haushaltshilfe keine richtige Bildung erhielten, und gab ihnen Unterricht. In der Armee hat er exzellente Organisationsfähigkeiten entwickelt, und die kamen ihm hier zugute, denn bald wuchs aus dem informellen privaten Unterricht für drei Kinder eine kleine Schule. Diese wurde in der ländlichen Umgebung begeistert aufgenommen, und bald schickten so viele Eltern ihre Kinder zu ihm, dass eine schöne große Schule entstand. Einige Menschen aus der Umgebung halfen mit.

Mein Freund, der vom rauen Ton unter den Kameraden und der gründlichen Organisation in der Armee geprägt war, geriet immer wieder in Rage, wenn er Ungereimtheiten und Schlampigkeiten entdeckte. Auf dem Lande war die allgemeine Haltung eher langsam und lässig. Durch seine Wutanfälle entstand allmählich eine angespannte, aggressive Atmosphäre. Langsam begann die glückliche, begeisterte Stimmung unter den Dorfbewohnern bezüglich der Schule zu kippen. Mein Freund erkannte, dass hier etwas schieflief. Sehr weise bemerkte er: »Ich wollte damals aus der Tätigkeit aussteigen, weil ich den ständigen Ärger mit den anderen satthatte. Warum rege ich mich jetzt hier bei dieser freiwilligen Arbeit so auf? Still und untätig sein kann ich als vitaler Mensch sowieso nicht. Ich sollte lieber lernen, aus dem reflexhaften Wutverhalten auszusteigen als aus jeglichem Tun!«

»Jein« ist keine Option

Das Tun wirklich überwinden zu wollen, ist unmöglich. Es gibt das aktive Tun und einen aktiven Widerstand dagegen. Egal in welcher Situation: Wir können entweder aktiv etwas tun oder uns aktiv gegen jegliches Tun wehren. Wir können »Ja« sagen, aber auch ein aktives »Nein!«. Ein unentschiedenes »Jein« bringt uns nie weiter, und einen Wunsch wird es sowieso nie unterstützen! Wenn wir uns aber aktiv für unseren Wunsch einsetzen, wird er definitiv wahr.

Sei stolz
auf deine
Verantwortung!

→ Genieße es, für die Erfüllung deiner Wünsche verantwortlich zu sein, denn Verantwortung zu tragen, ist etwas Schönes! Wer Verantwortung übernimmt, erfährt seine Bestimmung. Und denke beim Wünschen nicht nur an dich, denn du bist nicht allein auf der Welt. Auch zu geben macht glücklich!

Das Lottoglück

Was würden meine Nachbarn sagen, wenn ich einen Sechser im Lotto hätte? »Er hat Glück.« Vielleicht sogar: »Eine gute Seele, er verdient das Glück.« Wenn das Lottoglück allmählich am Haus und Auto sichtbar wäre, würden sie sagen: »Er hat halt Glück gehabt im Lotto, verdient hat er das alles nicht.« Die Stimmung könnte im Laufe der Zeit sogar herablassend werden, wenn die Nachbarn ständig mitbekämen, wie ich es mir sorglos gut gehen lassen kann. »Von sich aus hätte er es nie so weit gebracht«, würde es dann irgendwann heißen, und sie würden letztlich die ACHTUNG vor mir verlieren.

Wenn ich dagegen meinen Beruf gut, gerne und beharrlich ausübe, dabei allmählich erfolgreich werde und viel Geld verdiene, wird das keine derart herablassenden Äußerungen provozieren. Sogar dann, wenn Neid aufkäme und man mir den Erfolg nicht gönnte, würde man immerhin WERTSCHÄTZUNG zeigen für mein Wirken. Die Nachbarn würden meine Beharrlichkeit respektieren und sich womöglich davon inspirieren lassen. Mein Wort würde bei ihnen etwas gelten und nicht aufgrund mangelnder Erfahrung als irrelevant abgetan.

Erworbenes Glück stärkt den Selbstwert

Sind Glück und Erfolg selbst erworben, wirken sie sich also ganz anders aus, als wenn sie uns zufallen. Gerade wenn uns Ansehen und Geltung wichtig sind, macht es viel aus, wie wir an unser Glück oder die Erfüllung unserer Wünsche gekommen sind. Es ist ein großer Unterschied, ob unsere Wünsche durch unsere persönliche Mitwirkung wahr geworden sind oder nicht. Nur wenn wir uns wirklich eingesetzt haben, können wir auch stolz darauf sein und an Ansehen gewinnen – in den Augen der anderen, aber auch in unseren eigenen Augen. Wenn dagegen ein Wunsch wie ein Lottogewinn durch einen reinen Glücksfall erfüllt wird, sind wir zwar äußerlich am Ziel, aber innerlich erfüllt werden wir dadurch nicht tief oder nicht lange. Nein, ein Lottogewinn gibt keine (Selbst-)Bestätigung, nur der verdiente Erfolg vermag das zu tun! Ein Lottogewinn kann niemals ein Beitrag zu einem erfüllten Leben sein, sondern lediglich ein Geldbetrag, der das Konto füllt. Das heißt nicht, dass das Glück, das uns zufällig widerfährt, keinen nachhaltigen Wert haben kann. Ein großer Geldgewinn ist schön, aber erst das, was wir aus ihm machen, wird unser Selbstbewusstsein steigern. Ähnlich ist es, wenn wir durch Zufall einen interessanten Menschen kennenlernen. Das ist eine wunderbare Sache. Aber erst, wenn wir uns um die Vertiefung dieser Bekanntschaft bemühen, kann aus dem Zufall etwas Wertvolles entstehen.

Für das Sammeln allein gibt uns niemand Kredit

Jagen und sammeln tun wir alle gern, unter anderem auch Glücksmomente und Glücksfälle. Aber vergessen wir nicht: Die ACHTUNG, die wir von der Welt oder von uns nahestehenden Menschen bekommen, ist viel mehr wert als alles, was sich ansonsten im Laufe des Lebens in unserer Schatzkiste anhäuft. Diese Achtung, die wir verdienen, ist eine Wertschätzung unseres Tuns und damit unseres Seins. Sie schenkt uns SELBSTACHTUNG. Wir sollten uns mit unseren Wünschen nicht nur etwas Materielles oder Beneidenswertes aneignen wollen, sondern immer anstreben, auch innerlich erfüllt und von anderen geachtet zu werden. Das Gewünschte sollte deshalb nicht unbedingt wie ein Lottogewinn eintreffen, sondern unser Wunsch darf uns ruhig etwas in die Pflicht nehmen.

Wunscherfüllung und innere Erfüllung

Wünsche, an deren Erfüllung wir bewusst mitgewirkt haben, können uns drei Dinge geben: Geltung in den Augen der anderen, Selbstachtung und innere Erfülltheit. Hierzu jeweils ein Beispiel.

→ ANERKENNUNG: Jemand wollte einen Garten anlegen, gab sich viel Mühe damit und sah zu, wie allmählich alles wuchs und gedieh. Gleichzeitig wuchs auch sein Ansehen in den Augen der anderen, die seinen Wunsch und sein Engagement mitbekommen hatten.

→ ANERKENNUNG UND SELBSTACHTUNG: Eine Schülerin von mir, die zwei kleine Kinder hatte, wurde von ihrem Mann verlassen. Ihr war es ganz wichtig, jetzt vor allem für das seelische Wohl ihrer Kinder zu sorgen. Obwohl sie eher ängstlich veranlagt war, stellte sie sich der Situation, nahm die Verantwortung als Herausforderung an und stand nach ein paar Jahren als zuversichtliche Mutter zweier zufriedener Kinder da. Nicht nur von ihren Bekannten wurde sie dafür geachtet, wie sie das Leben meisterte, auch ihre Selbstachtung wuchs, und sie verlor viel von ihrer Ängstlichkeit.

→ ANERKENNUNG, SELBSTACHTUNG UND ERFÜLLUNG: Eine Bekannte von mir aus einfachen Verhältnissen heiratete einen sehr reichen Mann. Aus tiefstem Herzen wünschte sie sich, ihm alles zu geben und für ihn da zu sein. Sie bekam keine Kinder, hatte Haushaltshilfen und führte ein bequemes Leben. Sie sorgte bestens für ihren Mann, bis sie 50 Jahre alt war. Dann kam es zur Trennung. Ihr aufrichtiger Wunsch, ihrem Mann zu dienen und ihn glücklich zu machen, hatte sich letztlich nicht erfüllt. In der Leere, die folgte, verstand sie, dass es ihr inniger Wunsch blieb, anderen Menschen wirklich zu dienen und sie zu beglücken. Mit dem Geld, das sie bei der Trennung bekam, gründete sie ein kleines Heim für ältere Menschen, die in Lebenskrisen waren und allein dastanden. Es war ein schönes Projekt, das fünf Bewohnern zeitweilig einen Platz und die Möglichkeit gab, sich zu orientieren und ihr Leben wieder in den Griff zu bekommen. Die Frau gewann die Achtung aller für ihren Umgang mit der Krise, ihr Selbstwertgefühl wuchs – und vor allem konnte sie ihren ursprünglichen Wunsch, für andere da zu sein und sie glücklich zu machen, verwirklichen. In dieser neuen Rolle fand sie innere Erfüllung.

Entscheidend bei allen Beispielen ist, dass die Menschen nicht nur aktiv blieben, sondern für sich und manchmal auch für andere Verantwortung übernahmen. Durch die Übernahme der Verantwortung gewannen sie mehr Selbstachtung, innere Stärke und fanden einen tieferen Sinn in ihrem Wunsch. Fest steht: Wir können nicht einfach erwarten, dass unsere Wünsche in Erfüllung gehen. Wir müssen erst mal der Erwartung gerecht werden, die durch das Wünschen entsteht, und diese Erwartung an uns heißt, Verantwortung zu tragen.

Verantwortung und ihr tiefer Sinn

Wie lernen wir, für unseren Wunsch Verantwortung zu tragen und dadurch dessen wahre Bedeutung zu erkennen? Indem wir die Dinge tun, die erforderlich sind, damit unsere Wünsche erfüllt werden können, stärken wir unsere Selbstachtung. »Erforderlich? Wer fordert das denn?«, wird unsere erste Reaktion sein. Denn wir möchten uns nur ungern von irgendjemandem sagen lassen, was wir zu tun haben. Klar, das ist verständlich. Aber es geht hier gar nicht um die Forderungen von Eltern, Lehrern, Staat oder Moralpredigern. Deren Erwartungen können und dürfen uns völlig gleichgültig sein. Nein, hier geht es nicht um Forderungen anderer, sondern um jene, die unsere eigene Natur an uns stellt.

Welche »innere Aufgabe« müssen wir also erfüllen, damit unsere Wünsche von Erfolg gekrönt werden? Um diese Frage zu beantworten und das Thema Verantwortung genauer zu betrachten, beschäftigen wir uns in diesem Kapitel mit den folgenden fünf Punkten:

1   Erkenne, wofür du verantwortlich bist!
2   Verantwortung zu tragen, ist schön!
3   Die Verantwortung zeigt dir deine Bestimmung!
4   Du bist nicht allein auf der Welt!
5   Das Glück des Gebens

Erkenne, wofür du
verantwortlich bist!

Klären wir zunächst, was mit dieser eigenen Natur gemeint ist, die uns – einem Instinkt gleich – sagt, wo unsere Verantwortung liegt. Es gibt im Grunde nur eine Natur und keine getrennte »eigene« Natur. Unsere eigene Natur ist Teil der Gesamtnatur aller Menschen und Wesen. Diese Gesamtnatur wirkt durch uns, und wir sagen dann zu ihr, »unsere eigene Natur«. Im Grunde aber handelt es sich um die gleiche Natur, die für alle Menschen gilt und in allen Menschen wirkt. Nur erscheint sie in jedem anders: so wie das eine und gleiche Wasser in verschiedenen Behältern eine andere Form annimmt. Dann reden wir von der unterschiedlichen Natur verschiedener Menschen.

Sowohl die »eigene Natur«, die durch uns wirkt, als auch die »Gesamtnatur«, die für alle Menschen gilt, stellen Aufgaben an uns. Es sind zwei wichtige Forderungen:

➜ TRAGE VERANTWORTUNG FÜR DAS, WAS DU BEKOMMEN WILLST.

➜ GIB AN DIE WELT ZURÜCK, WAS DU VON IHR BEKOMMST.
Ja, die eigene Natur fordert, dass wir Verantwortung übernehmen, wenn wir etwas bekommen wollen. Die Gesamtnatur verlangt, dass wir der Welt, sprich der Natur, dafür etwas zurückgeben, dass sie uns das Glück der Wunscherfüllung schenkt.

> Wir sind an die **Natur** und an unser Naturell gebunden. Der Versuch, diese zu **unterdrücken,** wird einfach **nicht** funktionieren.

[Bhagavadgita 3.33]

Beide Erwartungen an uns stehen im Raum, sobald wir Wünsche ausgesprochen haben und sie zu verwirklichen suchen. Wenn wir diesen Erwartungen entsprechen, wird unser Wirken und unser Erfolg auch wirkliche Erfüllung bringen. Dann lohnt es sich auf jeden Fall, Wünsche zu haben und uns für sie einzusetzen. Dann werden nicht nur Wünsche erfüllt, sondern es wird uns auch eine tiefe Erfüllung beschert. Wenn wir hingegen diese Forderungen zu ignorieren versuchen, werden wir entweder an unseren Wünschen scheitern oder gegen unsere Natur ankämpfen müssen, um den Erfolg zu erzwingen.

Verantwortung ist ein Signal

Wir brauchen uns vor Verantwortung nicht zu scheuen. Verantwortungen zeigen uns deutlich, was zu tun ist, sodass uns unsere Aufgabe in allen Situationen stets klar bleibt. Wenn wir zu unserer Verantwortung stehen, zeigt das den Menschen in unserem Umfeld, wo wir stehen. Verantwortungen definieren unseren Zuständigkeitsbereich, stecken sozusagen unser Revier ab – sei es bei häuslichen Aufgaben, in der Arbeitsstätte oder auch in der Ehe und unter Freunden.

Ich höre oft von Yogaschülern, die eine eigene Schule aufmachen: »Es kommen zu wenig Menschen zu mir, um Yoga zu lernen, meine Yogaschule läuft nicht gut.« Meine Antwort ist immer gleich: »Du hast dir passende Räumlichkeiten besorgt und deine Info verteilt. Was du anbieten kannst und willst, signalisierst du aber erst eindeutig, wenn du deine Verantwortung als Yogalehrer trägst, nämlich selbst regelmäßig und intensiv zu üben.« Wenn wir unsere Verantwortung von ganzem Herzen bejahend übernehmen, geschehen die Dinge oft wie von allein – wenn nicht, dann stagnieren sie. Erst wenn wir verantwortlich handeln und damit unseren Zuständigkeitsbereich klar definieren, kann unser Umfeld uns und unsere Wünsche erkennen. So entsteht die Anziehungskraft auf andere.

3

Besonders deutlich wird dieses Thema heutzutage bei der Partnersuche. Oft schüttele ich den Kopf darüber, dass all die jungen Frauen und Männer, die ich kenne und die voller Sehnsucht eine passende Partie suchen, sich nicht einfach zusammentun können (wie bei Shakespeare im Sommernachtstraum!). Wenn das nur so einfach wäre! Jetzt schauen wir uns einmal anhand von zwei Personen an – eine im modernen Indien und eine in Deutschland –, welche Aufgabe uns der Partnerwunsch stellt.

Verantwortung und Partnersuche

Früher kannten sich indische Ehepaare so gut wie gar nicht vor dem Hochzeitstag. Sie hatten sich oft nicht einmal vorher gesehen. Alles wurde von den Familien des Ehepaars geregelt. Heute werden die meisten indischen Ehen immer noch von der Familie arrangiert, jedoch besuchen sich Mädchen und Jungen gegenseitig, um sich kennenzulernen und unter Umständen die Partie ablehnen zu können. Eine junge Inderin, die seit einigen Jahren auf Partnersuche war und viele potenzielle Partner empfangen und dann abgelehnt hatte, erzählte mir von einem jungen Mann, mit dem sie zuletzt verkuppelt werden sollte: »Ich lernte ihn kennen, als er mich zu Hause bei meinen Eltern besuchte. Da fragte er mich schüchtern nach Wasser. Ich gab es ihm. Das tat er dann beim zweiten Besuch auch. Inzwischen fühlte er sich wohl bei uns und ging ungezwungen mit meinen Eltern und meinem kleineren Bruder um. Als er mich auch beim dritten Besuch um Wasser bat, sagte ich mir: ›Jetzt kennt er sich bei mir zu Hause aus und ist nicht eigenständig genug, sich das Wasser selbst zu holen! So ein hilfloser Typ ist nichts für mich, womöglich wird er mich wie seine Bedienstete behandeln.‹« Junge indische Städter, die heute finanziell unabhängig und gut dastehen, jedoch noch auf traditionelle Weise im Einvernehmen mit den Eltern den Partner finden, wollen sich nicht, wie es üblich war, einlassen in der Hoffnung: »Es muss keine Liebe auf den ersten Blick sein, das Leben wird uns schon zusammenführen.« Sie haben ihre eigenen Rechte im Sinn und finden schnell eine Schwachstelle beim anderen.

Stellen wir daneben den Fall eines jungen deutschen Mannes, der bei mir Yoga lernt. Er ist beruflich auf Erfolgskurs, vielseitig interessiert und möchte eine Familie gründen. Er hatte mehrere Beziehungen, die alle jeweils nach einem Jahr am gleichen Punkt scheiterten. Frauen mit eigenen Berufszielen passen nicht in sein Konzept, da er eine Partnerin möchte, die sich ganz der Familie widmet und ihm den Rücken frei hält. Frauen, die keinen beruflichen Ehrgeiz haben, genügen wiederum nicht seinen intellektuellen Ansprüchen. So hat er nur seine eigenen Interessen im Sinn und findet keine Partnerin.

Verantwortlichkeiten erkennen und trennen

In beiden Fällen scheint das eigentliche Problem nicht zu sein, dass diese Menschen Pech bei der Suche hätten. Es ist nicht so, dass sie keine passenden Partner finden, sondern bei ihnen scheint ein grundsätzlicher Irrtum zu bestehen. Sie blenden nämlich zwei Tatsachen aus, die sie sich beide anschauen müssten.

➜ ALLES HAT SEINEN PREIS: Eine Partnerschaft ist mit ziemlich klaren Verantwortungen verbunden und beendet einige der Freiheiten, die das Singleleben bietet. »Ich wünsche mir, eine Partnerin oder einen Partner zu finden. Bin ich auch bereit, die Verantwortung zu tragen, die dadurch auf mich zukommt?« Solange wir Verantwortung als Verzicht ansehen und uns ausrechnen, was wir an Vorteilen einbüßen werden, kann der Wunsch, die richtige Partnerin oder den richtigen Partner zu finden, nicht wahr werden. Dazu lässt sich nur sagen: »Willst du die richtige Freundin finden, werde erst mal bereit für sie!« Oder: »Willst du dir den tollen Mann angeln, dann beweise erst mal, dass du für ihn bereit bist!« Das fordert unsere eigene Natur von uns!

3

In beiden Fällen muss also der oder die Suchende erst einmal klar zur eigenen Verantwortung stehen und signalisieren, wofür er oder sie steht, das heißt, selbst das erbringen, was die Verantwortung fordert.

→ DU MUSS NICHT FÜR DEN ANDEREN ZAHLEN: Eine Ehefrau ist zwar nicht dafür verantwortlich, dass der durstige Ehemann Wasser bekommt, aber auch nicht dafür, dass ihr Partner seine latente Unselbstständigkeit abbaut. Ein Ehemann kann seine Frau nicht dafür verantwortlich machen, dass er seine Berufsziele verwirklicht. Es ist fatal, wenn wir meinen, etwas übernehmen zu müssen, was eigentlich die Sache des anderen ist. Ebenso fatal ist es, zu erwarten, dass andere Dinge übernehmen, für die wir selbst zuständig sind. In dem Augenblick, da ein Mann glaubt, seine berufliche Verwirklichung hänge vom Beistand seiner Frau ab, drückt er sich vor seiner Selbstverantwortung. Solange eine Frau darauf fixiert ist, dass ihr der Mann bloß keine Verantwortung zuschiebt, wird sie nicht selbstbewusst ihre eigenen Pflichten übernehmen. Wir sollten also keine Verantwortung für andere übernehmen. Auch sollten wir andere nicht belehren, dass sie ihre Verantwortung tragen müssen. Wir haben genug damit zu tun, der eigenen Verantwortung gerecht zu werden. Wenn der Mann und die Frau im obigen Beispiel die Verantwortung für ihre persönlichen Wünsche und Ziele klar vor Auge behalten, können beide entspannt und frei von Erwartungen einen passenden Partner finden.

» Es ist besser, Verantwortung für die **eigenen** Pflichten zu übernehmen als für die der **anderen.** Handeln wir mit **Verantwortungsgefühl** gegenüber den eigenen Pflichten, wird das immer **gut** ausgehen. «

[Bhagavadgita 18.47]

Zuständigkeiten klären: sanft, aber entschieden

Berechtigtes Verantwortungsgefühl umgrenzt klar unseren Aufgabenbereich und ist insofern wie eine Reviermarkierung. Diese hilft oft, Verwirrungen und Verletzungen zu vermeiden. Manchmal müssen wir unser »Revier« verteidigen:

→ NICHT MIT GEWALT gegenüber den anderen! Besser ist es, wenn wir einfach nur dem Ruf der eigenen Natur, unsere Verantwortung zu tragen, gerecht werden.

→ Wir stehen zu dieser Eigenverantwortung nicht mit einem aggressiven »Du musst« oder »Ich muss«, sondern MIT EINEM SELBSTVERSTÄNDLICHEN »ICH MÖCHTE«.

Zum Thema Abgrenzung gibt es eine schöne Geschichte von einem der größten spirituellen Meister Indiens, Sri Ramakrishna.

3

Weisheitsgeschichte

Ein Meister lebte allein in einem dichten Waldgebiet. Viele Menschen besuchten ihn, um ihre Sorgen bei ihm loszuwerden und seinen Segen zu erhalten. Einige Besucher, die regelmäßig kamen, baten den Meister, etwas gegen eine Schlange zu tun, die an dem Weg hauste und schon mehrere Menschen gebissen hatte. Der Meister versprach Hilfe und ging mit ihnen zu der Stelle, wo das Tier sein Unwesen trieb. Der Meister konnte die Schlange beschwichtigen und lehrte sie, gutmütig zu sein und nicht mehr aggressiv gegen seine Besucher.

Die Menschen erzählten dem Meister, dass seine Worte gewirkt hätten und die Schlange jetzt keine Gefahr mehr darstelle. Nach ein paar Wochen besuchte der Meister die Schlange wieder. Sie lag zusammengerollt unter einem Baum, war mit Wunden übersät und fast tot.

»Mein Gott, was ist mit dir geschehen?«, fragte der Meister.
»Ich lernte von Euch, gütig zu sein, und ignorierte die Menschen. Sie
aber steinigten mich und schlugen mit Stöcken auf mich ein, sobald sie
mich sahen.«
»Liebe Schlange«, antwortete der Meister, »ich bat dich, die Menschen
nicht zu beißen. Warum hörtest du auf zu zischen? Mach das, zische!
Nicht mehr als das, aber auch nicht weniger! «

Das Gleiche gilt auch für uns Menschen. Wir haben jedes Recht zum
Zischen, auch wenn wir keines zum Beißen haben. Wenn wir zu unserer Verantwortung stehen und damit unseren Aufgabenbereich um-
grenzen, definieren wir für uns und andere, was uns wichtig ist, und
sehen so den Weg zur Wunscherfüllung klarer vor uns.

Verantwortung
zu tragen,
ist schön!

Wie gut es sich anfühlt, richtig stolz auf sich zu sein, erlebte ich erstmals im Alter von neun Jahren. Da war ich einmal abends mit meinem Onkel in meiner Heimatstadt unterwegs. Der große, kräftig ge-
baute Rechtsanwalt beeindruckte mich sehr. Er nahm mich zu seinem
Termin mit einem Klienten mit. Mein Onkel trug eine schwere Tasche mit Akten. Bei dem Treffen gab ihm der Klient sein Honorar in
Form eines Batzens Bargeldes in einer kleinen Tasche. Als wir wieder
auf die Straße traten, gab mir mein Onkel diese kleine Tasche mit den
Worten: »Trage du sie!« Ich war erstaunt, dass er mitten in der Stadt
so viel Geld in meine Obhut gab, obwohl wir doch noch einen weiten

Fußweg nach Hause hatten. Ich bewunderte sein Vertrauen in mich. Die Verantwortung versetzte mich in Hochspannung, und ich trug, stolz neben ihm herlaufend, die Tasche nach Hause, ohne sie einmal aus der Hand zu geben. »Lerne früh, Verantwortung zu tragen. Das macht Spaß, und du wirst dadurch groß!«, sagte er zu mir. Es war eine ungemein schöne Art, zu lernen, Verantwortung zu tragen, aber auch, zu lernen, dass das Tragen von Verantwortung eine tolle Angelegenheit ist! Nehmen wir hierzu ein weiteres Beispiel.

Der Lohn der Hausfrauenarbeit

In meinen Yogaunterricht kommen viele Mütter, die »nur« Hausfrauen sind. Hausfrauen üben einen verkannten Beruf aus, schließlich sorgen sie für ihre Kinder und ihren Partner und den Haushalt! Die Haushaltsarbeit hat im Vergleich zur öffentlichen Arbeit eine Besonderheit. So geht zum Beispiel alles, was in einer Fabrik an einem Fließband entsteht, letztlich hinaus in die Welt. Jeder Einsatz in der Fabrikwelt trägt hierzu bei und führt zu einem sichtbaren Ergebnis in der Außenwelt. Die Pflege des eigenen Heims fühlt sich aber für viele Hausfrauen wie eine Arbeit an, die nicht von A nach B führt, sondern sich im Kreis dreht. Ihr Einsatz endet dort, wo sie sind, nämlich zu Hause, und führt nicht aus dessen Wänden hinaus. Kaum ist er beendet, scheint die Wirkung vorbei zu sein, und das Ganze beginnt wieder von vorn. Das gilt für Putzen, Kochen und all das andere, was im Haushalt zu bewältigen ist. Viele Frauen finden keine Erfüllung in dieser Arbeit, auch wenn sie sie gut, genau und gewissenhaft machen.

Manch eine Hausfrau hat schon zu mir gesagt: »Es wäre ganz was anderes, wenn ich als Haushaltshilfe bei jemandem arbeiten würde. Da lohnt es sich, gut zu sein und auch Verantwortung zu tragen für die Aufgabe, denn man bekommt eine Vergütung. Verantwortung und Lohn stehen hier im klaren Zusammenhang.« So beklagen sie sich, dass sie für ihre

Arbeit weder einen definierten Lohn noch genug Anerkennung bekommen. Und das, obwohl gerade sie am besten wissen, was die Folgen wären, wenn sie ihre Arbeit einfach liegen ließen.

Als Kind war ich unsportlich und ging nicht wie die anderen nach der Schule zum Training, sondern begleitete meine Mutter und meine Großmutter oft bei der häuslichen Tätigkeit. Was ich hier alles über das Leben, die Lebensmittel, die Gesundheit, die Ernährung und die Heilung lernen konnte sowie über Themen wie Organisation und Logistik, war für mich von größter Bedeutung für meinen Beruf.

Nein, häusliche Arbeit dreht sich nicht nur im Kreis, sondern strahlt aus! Sie dient dem Wohl des Ortes, an dem viele der wichtigsten Ereignisse unseres Lebens stattfinden, und aller Menschen, die dort leben. Für mich steht außer Zweifel: Häusliche Arbeit ist wertvoll und muss belohnt werden. Die Belohnung ist aber trotzdem nicht die Lösung für das Problem der Hausfrau. Erfüllt sein wird sie durch ihre Arbeit erst dann, wenn sie von sich aus ihre Tätigkeit schätzt, die Verantwortung dafür gerne trägt, ohne den Lohn oder das Lob zur Bedingung zu machen. Erst wenn sie ihre Verantwortung ohne äußere Motivation bejaht, wird sie sich darüber freuen können, dass sie alles so erhalten und pflegen kann, wie sie es sich wünscht. SO WIRD SIE DIE WÜRDE GEWINNEN, DIE IHR ZUSTEHT. Zu Recht kann hier eine Hausfrau stolz den indischen Poeten Rabindranath Tagore zitieren: »Die Sterne fürchten sich nicht, wie Leuchtkäfer zu erscheinen.«

Die Arbeit ist keine Bürde

Das trifft aber nicht nur auf Hausfrauen zu. Die Realität des Hausfrauendaseins gilt für uns alle, egal welchen Beruf wir ausüben. Wer seine Arbeit als lästige Bürde wahrnimmt und sie richtig, aber doch nur gezwungenermaßen ausführt, spürt keine Erfüllung. Dies ist das Los vieler Menschen, die ihre Arbeit genau und gut machen müssen.

Eine Aufgabe **lustlos** zu erledigen, macht uns blöd,
sie gierig und **besessen** zu verfolgen,
macht uns unruhig.
Am besten gehen wir ihr **bewusst** nach,
ohne Erwartungen an sie zu knüpfen.

[Bhagavadgita 18.26–28]

Sie wünschen sich zwar den beruflichen Erfolg und setzen sich dafür ein, empfinden das ganze Tun aber letztendlich als Zwang. Es gibt hier nur einen Weg: Wir sollten die Verantwortung für das, was wir tun – egal ob wir es uns genau so gewünscht haben oder nicht –, gerne und fröhlich tragen!

Kinder brauchen Lohn und Lob, sodass sie lernen, Verantwortung zu tragen. Wir Erwachsenen können das zwar auch oft gut gebrauchen, um mehr Antrieb für unser Tun zu bekommen. Wenn wir es aber immer weiter von Lohn und Lob abhängig machen, ob wir Verantwortung gerne tragen, vergeben wir die Chance, unser Selbstwertgefühl eigenständig zu stärken und wirklich erwachsen zu werden. Ob als Hausfrau oder als berufstätiger Mensch, vom Beispiel einer Mutter mit einem kleinen Kind können wir uns inspirieren lassen.

Zum Beispiel Mutter werden

Es ist verblüffend, wie schnell die meisten Mütter sich an den Umgang mit ihrem Baby gewöhnen, auch wenn es ihr erstes Kind ist. Eine Frau, die sich über ihre Schwangerschaft freut, nimmt alle Mühsal, die damit auch verbunden ist, gern in Kauf. Wenn sie dann in den letzten Monaten eine besonders schöne Ausstrahlung bekommt, heißt es, die

Schwangerschaftshormone würden sie so glücklich stimmen. Ist das tatsächlich eine rein biochemische Auswirkung von sogenannten Glückshormonen? Gibt es nicht auf einer subtileren Ebene etwas, weshalb die Schwangere Glücksgefühle erlebt? Ich würde sagen, es gibt mehr als das Biochemische, und es ist auch nicht einfach nur das Glück, bald ein Kind zu bekommen. Es hat etwas mit dem ANKOMMEN in der eigenen Haut und IN EINER EIGENEN AUFGABE zu tun. Eine glückliche Schwangere hadert nicht mit der Verantwortung, die sie dem Embryo gegenüber trägt. Sie nimmt sie an, sieht das regelrecht als Teil ihrer Natur und geht mit den damit verbundenen Aufgaben selbstverständlich um. Sie wägt nicht die Anstrengung, die Umstände oder die Ungewissheit über das Ergebnis gegen ihre Vorteile ab. Da ist eine bedingungslose Bereitschaft, die Verantwortung zu tragen, die Schwangerschaft durchzustehen und das Kind auszutragen.

Selbstverständlich – und beglückend!

Ist das Kind dann da, beginnt eine neue Phase der Verantwortung für die Mutter. Sie muss jederzeit bereitstehen, rund um die Uhr, wenn das Kind sie ruft. Dabei handelt es sich nicht um eine einfache oder mechanische Aufgabe, die sie nebenbei erledigen könnte, sondern um eine, die Achtsamkeit und Geistesgegenwart erfordert. Mütter tun das zumeist mit großer Selbstverständlichkeit. In der heutigen Zeit, wo es die helfenden Hände der vielen Frauen einer Großfamilie nicht mehr gibt, ist das wirklich bewundernswert. Müdigkeit zum Beispiel ist für eine Mutter kein Grund, sich aus der Verantwortung zu ziehen, obwohl es keine unmittelbar sichtbare Belohnung dafür gibt. Auch wenn sie sich manchmal überfordert fühlt, stellt sie sich ihrer Aufgabe in dem Bewusstsein, dass diese einfach erledigt werden muss. SIE IDENTIFIZIERT SICH MIT DER VERANTWORTUNG, trägt sie und fühlt sich als Mutter wertvoll. Ihr ist klar, dass sie den Wert als Mutter nur bekommt, weil sie die Verantwortung als Mutter trägt.

Dennoch trägt sie die Verantwortung nicht, weil sie ihr diesen Wert gibt. Die Verantwortung erscheint ihr als etwas ganz Natürliches. Und für sie ist sie auch etwas Schönes! Die liebevolle Beziehung zwischen einer Mutter und ihrem noch ungeborenen oder gerade entbundenen Kind ist beispielhaft dafür, wie wunderbar und lohnend es sein kann, Verantwortung zu tragen. Die Natur ist hier in ihrem Element! Die Menschlichkeit zeigt hier ihr schönstes Antlitz.

Die eigene Verantwortung zu spüren und zu ihr zu stehen, ist das zentrale Thema der Bhagavadgita und wird dort als die höchste Form der Menschlichkeit, die einzig gelebte Spiritualität, dargestellt. Wie klar drückt es der Autor des Büchleins »Der kleine Prinz« aus:

Mensch sein heißt verantwortlich sein!

[Antoine de Saint-Exupéry | 1900–1944]

3

Verbindlichkeit und Verantwortung geben uns Lebenskraft

So wie eine glückliche Schwangere sich auf die Verantwortung freut, die das Muttersein mit sich bringt, sollten wir uns auf die Verantwortung freuen, die unsere Wünsche mit sich bringen werden. Ist diese Verantwortungsbereitschaft da, werden auch die Wünsche wahr! Verantwortung und Wunscherfüllung sind eng miteinander verknüpft.

Verantwortung ist schön. Alles, was zwischen Menschen an Geben und Nehmen gut funktioniert, baut darauf auf, dass wir jeweils Verantwortung für unsere eigenen Angelegenheiten tragen. Niemals könnten Patienten vom Arzt wirklich geheilt werden, Eltern ihre Kinder erfolgreich erziehen oder Schüler vom Meister lernen, wenn es da nicht die Selbstverantwortung gäbe.

Eine Mutter bat mich um Rat in Sachen Erziehung. Ihr pubertärer Sohn vernachlässigte seine schulischen Aufgaben völlig und geriet durch sein unruhiges Verhalten zudem wiederholt in Schwierigkeiten mit der Schule. Das ging so über einige Jahre. Mich erstaunte das Ganze, denn die Eltern boten ein solides Zuhause und waren für ihn da. »Wir haben die Pflicht, unsere Kinder zu erziehen, aber kein Recht darauf, dass sie nett zu uns sind. Das ist leider die Realität beim Thema Verantwortung«, sagte ich ihr. Dieser Gedanke war nicht gerade tröstlich für die besorgte Mutter. Trotzdem war sie bereit, ihre Seite der Verantwortung wahrzunehmen und davon abzusehen, ihrem Sohn sein Verhalten vorzuhalten oder sich ständig Sorgen zu machen. Sie ging auf seine gesunden Interessen ein und verbrachte viel Zeit mit ihm.

Langsam entwickelte sich ein Austausch zwischen ihnen, bei dem sie viel von sich erzählte und ihm die Gewissheit gab, jederzeit für ihn da zu sein. Verantwortungsvoll und zuversichtlich ging sie mit ihm um. Er lernte ihre Empfindlichkeiten und Verletzbarkeit kennen und begann, in ihr nicht nur eine Mutter, sondern auch einen Menschen zu sehen. Es dauerte einige Zeit. Während sie ihre Ängste losließ, entwuchs der Sohn der Pubertät und entwickelte sich zu einem stabilen jungen Mann. Er lernte, dass es »in« sein kann, Verantwortung zu übernehmen, und sie lernte, mit ihrer Verantwortung entspannter umzugehen.

Verbindlichkeit und Freiheit gehören zusammen

Verantwortung hat für uns moderne Menschen leider oft einen unangenehmen Beigeschmack. Dass dieser hohe ethische Wert so verfällt, ist sehr traurig. Wir befürchten, dass Verantwortung zu tragen doch letztlich etwas mit Zwang und Verzicht zu tun hat. Folglich versuchen wir, ihr auszuweichen, indem wir Verbindlichkeiten meiden. Wir verschließen uns gegen andere Menschen und verriegeln dabei die Tür zu uns selbst. Gerade darin besteht aber die Kunst des Lebens, dass wir lernen, VERBINDLICH ZU SEIN UND DENNOCH FREI ZU BLEIBEN. Darin können wir uns üben, indem wir anfangen, mutig und auch anmutig Verantwortungen zu tragen! Nehmen wir das Bild eines Lotosblattes, und meditieren wir über seine Qualität.

Meditation über das Lotosblatt

Das Lotosblatt hat eine wichtige Symbolik. Anders als Wasserlilien wachsen die Lotosblüten am liebsten in schlammigem Wasser. Die Blüte steht hoch über dem Wasser, während das große, flache Lotosblatt glatt auf der Wasseroberfläche liegt. Wenn das Wasser in Bewegung gerät, wird das Blatt zunächst nass. Aber Wasser und Schmutz perlen gänzlich von der Oberfläche ab, und das Blatt ist schnell wieder trocken und rein. Das schlammige Wasser hinterlässt keinen Makel auf dem reinen Lotosblatt. Die Unterseite ist im vollen Kontakt mit dem Schlammwasser, einbezogen in die Sphäre von Wasser und Erde. Die andere Seite bleibt unberührt, immer frei und verbunden mit dem Himmel und dem Raum. Das macht das Lotosblatt zu einem wichtigen Symbol für einen Menschen, der einerseits einbezogen ist in die Welt mit ihren Unzulänglichkeiten und andererseits unberührt und erhaben durch sie wandelt.

Wenn die Gedanken alle Aktivitäten
als Beschäftigung des Körpers betrachten
und neutral bleiben können,
bleiben wir wie ein Lotosblatt,
das unberührt ist vom schlammigen Wasser.

[Bhagavadgita 5.10]

Die Verantwortung
zeigt dir deine
Bestimmung!

Wie können wir herausfinden, was genau unsere Verantwortung in einer Situation ist und was wir tun müssen, um unsere Wünsche zu erfüllen? Oft wissen wir nämlich nicht recht, was von uns erwartet wird, wozu uns die eigene Natur verpflichtet, was uns die innere Stimme sagt. Wir sind wie die Schlange aus der Geschichte und meinen, unsere Gift einsetzen zu müssen, um uns zu verteidigen, wo doch ein Zischen reichen würde. Oder wir glauben wie so viele auf Partnersuche, dass Verbindlichkeiten dem inneren Ruf nach Freiheit widersprechen. Wie kommen wir also unseren Wünschen ein Stück näher? Welche Schritte im Leben führen uns zu unserer Bestimmung? Die Antwort ist eindeutig: NATÜRLICH SEIN! Das allein fordert unsere eigene Natur von uns: natürlich zu sein. So zu sein, wie wir sind, ohne Verkleidung und ohne Illusionen. Das genau ist gelebter Yoga, die HÖCHSTE FORM DER SPIRITUELLEN ENTWICKLUNG UND AUCH DIE BESTE FORMEL FÜR DEN WELTLICHEN ERFOLG. Es wirkt oft nur deshalb schwierig, weil es so einfach ist.

Weisheitsgeschichte

Gott kam einmal zu einem sehr einfachen, gutherzigen Menschen, um ihm eine Freude zu machen: »Du bist auserwählt. Morgen darfst du mich im Himmel besuchen kommen. Ich sage meinem Wächter am Himmelstor Bescheid. Du musst es dir nur vorstellen, und schon wirst du vor diesem Tor stehen.« Der einfache Mann war sehr aufgeregt und sprach mit seinen Freunden darüber. Er wusste vor allem nicht, wie er sich auf den Besuch vorbereiten sollte. Die Freunde halfen ihm tatkräftig und verpassten ihm schöne frische Gewänder, eine Rosenkranzkette und das heilige Stirnmal, das alle tragen, wenn sie zum Tempel gehen.

Am Himmelstor jedoch stieß ihn der Wächter Gottes fort und sagte, er habe da keinen Zutritt. Endlich eilte Gott herbei und entschuldigte sich für das Missverständnis. »Das tut mir leid. Was hast du aber auch mit dir gemacht? So wie ich dich beschrieben hatte, konnte dich mein Wächter gar nicht erkennen!«

Einfach natürlich sein – aber wie?

Wie fangen wir es aber an, natürlich zu sein, so zu sein, wie wir sind? Indem wir nicht zu viel nachdenken und zu lange auf Antworten warten, um loszulegen, sondern indem wir einfach schon mal anfangen. Je mehr wir mit Freude und Bereitschaft Verantwortung tragen, desto wahrscheinlicher ist es, dass wir natürlich sind und dass wir dadurch allmählich die tieferen Bestimmungen unseres Lebens erfahren.

»Es gibt keinen Weg zum Frieden, denn Frieden ist der Weg«, sagte Mahatma Gandhi. Ebenso ist es mit der Bestimmung. Der Weg, sie zu finden, ist, einfach Verantwortung zu übernehmen. Das ist der Weg, zu dem uns die große Yogalehrschrift Bhagavadgita rät.

Das Sanskritwort sowohl für Verantwortung als auch für Bestimmung ist »Dharma«. Wortwörtlich bedeutet es: »Das, was uns trägt.« Verantwortung gibt uns Wert und Halt. Wenn wir uns an sie halten, gibt sie uns Halt! In Indien nennt man dieses Wechselspiel von Haltgeben und Haltbekommen, von Weg und Ziel »Sanatana-Dharma«, wörtlich die »EWIGE VERANTWORTUNG«. Das war der ursprüngliche Name der indischen Religion, bevor die Engländer sie »Hinduismus« nannten. Es ist das, was auch Buddha als erstes und wichtigstes weltliches Gebot lehrte. Durch nichts sollten wir uns davon abhalten lassen.

Weisheitsgeschichte

Drei Frösche packte die Sehnsucht nach Erleuchtung. Sie machten sich auf den Weg zu einem Gipfel im Himalaja, um dort die göttliche Stille zu genießen. Nach einer Weile war das Flüstern eines Berggeistes zu hören:
»Geht nicht weiter! Unterwegs gibt es Schlangen, sie werden euch auffressen.« Ein Frosch machte kehrt, aber die beiden anderen blieben tapfer bei ihrem Vorhaben und hüpften weiter.
Nachdem sie mehr als die Hälfte des Wegs zurückgelegt hatten, flüsterte wieder der Berggeist, dass die Schlangen für sie gefährlich werden könnten. Der eine Frosch bekam nun doch Angst und kehrte um. Der dritte Frosch aber hüpfte unverzagt weiter. Er begegnete keiner giftigen Schlange, sondern kam heil auf dem Gipfel an, genoss die Stille und kehrte glücklich zurück. Dieser Frosch war nämlich taub und hatte nichts gehört! So ist es manchmal ratsam, sich taub zu stellen gegenüber den vielen Meinungen und Warnungen der eigenen Gedanken oder der Menschen, die nicht verstehen, was uns antreibt.

Weg und Ziel gehören zusammen

Wenn wir Weg und Ziel als zwei Seiten einer Medaille betrachten, bekommt unser Tun die rechte Natürlichkeit. Verantwortung und Bestimmung treffen sich wie Weg und Ziel. Sein Leben zu akzeptieren, heißt, seine Verantwortung zu akzeptieren. Wir werden nur die Dinge vortrefflich tun, für die wir aus vollem Herzen die Verantwortung übernehmen. Vor allem aber können wir nur die Dinge auf vortreffliche Weise tun, die unserer eigenen Natur entsprechen. Wenn wir uns danach richten, finden wir den Weg zu unserer Bestimmung mit Sicherheit. Eine Mutter, die die Verantwortung für ihre kleinen Kinder ganz annimmt, wird sich auch später eher darüber im Klaren sein, was sie vom Leben will. Ein Mann, der seiner Verantwortung in der Familie gewissenhaft und herzlich nachkommt, wird sich freier fühlen, auch andere persönliche Ziele zu verfolgen.

Wir sind Teil der Natur und unterliegen deren Gesetzen. Die Natur bestimmt, wie wir denken, atmen und reagieren. Wir können sie zwar erforschen und die Art und Weise unseres Zusammenwirkens mit ihr gestalten. Wir können uns aber ihrem Kreislauf nie entziehen. Sie schützt uns, wenn wir im Einklang mit ihr schwingen, und wirft uns aus der Bahn, wenn wir ihren Rhythmen Widerstand leisten. Verantwortung und Bestimmung sind Gesetze der Natur, auf deren Wellen wir reiten sollten! (Die Atemübung auf Seite 121 hilft Ihnen, mehr Gefühl für diese natürlichen Rhythmen zu bekommen.)

Die eigene Natur annehmen

Um zu spüren, was unsere eigene Verantwortung oder Aufgabe ist, sollten wir uns die Freiheit nehmen, wir selbst zu sein: das heißt, unsere Natürlichkeit zu bewahren und unserem innersten Wesen zu folgen. Vor allem sollten wir keine Seite an uns als schlecht verurteilen. Fragen Sie sich: »Welche angenehmen und unangenehmen Eigenschaften sind für mich typisch? Kann ich auch in den problematischen Eigenschaften etwas sehen, das sich nicht negativ auswirkt?« Wenn Sie zum Beispiel zur Ungeduld neigen, versuchen Sie nicht nur, geduldiger zu werden, sondern auch, Ihre Ungeduld als einen Überschuss von Energie zu betrachten und diese sinnvoller einzusetzen.

Das heißt nicht, dass wir unsere Schattenseiten fraglos bejahen sollten. Wenn wir aber für deren Auswirkungen die Verantwortung übernehmen, werden wir lernen, sie zu beherrschen und zu mildern. Jeder, der seine Verantwortung würdig trägt, ist ein würdevoller Mensch. Wenn wir geradestehen für die Folgen unserer Taten, Verantwortung tragen für das, was wir bewirken, belastet uns keine »Schuld«.

Weisheitsgeschichte

Ein großer Meister sah eines Tages in einer blitzartigen Vision seine nächste Geburt. Da rief er seinen treuen Schüler und bat ihn: »Ich werde morgen sterben und in sieben Wochen als Letztes eines Wurfs von jenem Schwein dort geboren. Du wirst mich an diesem Zeichen am Hals wiedererkennen. Nimm dir ein Messer und beende sofort mein Schweineleben, sodass es für mich in einer schöneren Existenz weitergeht.« Der Meister starb bald darauf, und tatsächlich kamen die Ferkel wie angekündigt zur Welt. Der gute Schüler nahm ein Messer, packte das jüngste und lief mit ihm beiseite. Da rief das Ferkel: »Halt, halt! Töte mich nicht!« Der Schüler war entsetzt, das Ferkel mit menschlicher Stimme sprechen zu hören. »Töte mich nicht! Schweinsein ist gut. Ich möchte leben!«
(Aus: Folktales from India, A. K. Ramanujan)

Der Meister hatte in seinem neuen Dasein gelernt, dass kein Leben geringer ist als ein anderes. Erst in dieser Wiedergeburt konnte er damit seinen Wunsch nach seelischer Erlösung verwirklichen. Die Bhagavadgita sagt: »Wer einen Armen, einen Gelehrten, einen Analphabeten, eine Kuh, ein Pferd, einen Hund oder ein Schwein alle als gleichwertig ansehen kann, der ist wirklich ein Weiser.«

NEHMEN WIR UNSERE NATUR LIEBEVOLL AN! Tragen wir auch Verantwortung für sie! Jede gefürchtete »schlechte« Seite in uns wird dann verschwinden. Wir müssen uns dann für nichts genieren und vor niemandem klein fühlen. Wir müssen uns nichts vormachen, sondern dürfen einfach so sein, wie wir sind. Dann werden sich in uns diejenigen Wünsche deutlich äußern, die aus der Tiefe kommen und wirklich nach Erfüllung drängen. Die vielen anderen Wünsche im Leben werden in diesen wesentlichen Wünschen aufgehen, und es wird eine große innere Klarheit und Gelassenheit in uns entstehen.

ÜBUNG

Die Einheit von Körper, Atem und Wahrnehmung erleben

Jetzt spüren wir anhand einer einfachen meditativen Übung den natürlichen Fluss des Atems und stimmen uns auf seine Wege ein.

→ Setzen Sie sich aufrecht hin, entweder auf einem Stuhl mit flacher Sitzfläche oder auf einer Decke am Boden. Halten Sie den Oberkörper aufgerichtet, ohne dabei die Schultern hochzuziehen, und das Kinn leicht gesenkt. Spüren Sie die lotrechte Linie von Oberkörper, Nacken und Hinterkopf. Lassen Sie eine Hand auf der Brust und die andere auf dem Bauch ruhen.

→ Entspannen Sie den Unterkiefer und die Augenlider, lassen Sie den Blick ruhig werden. Schließen Sie die Augen, und kommen Sie insgesamt zur Ruhe.

→ Versuchen Sie, Ihren Atem überhaupt nicht zu beeinflussen, aber folgen Sie ihm innerlich: Bei jeder Einatmung weilen Sie mit der Aufmerksamkeit im Brustkorb. Bei jeder Ausatmung weilen Sie mit der Aufmerksamkeit im Bauch. Bleiben Sie weiterhin entspannt im Unterkiefer und im gesamten Gesicht. Lassen Sie jede unnötige Anstrengung los.

→ Die feinen Bewegungen des Atemraums und der Atem selbst bilden allmählich eine Einheit. Bleiben Sie in der Wahrnehmung dieser Einheit, ohne in den Atemfluss einzugreifen. Diese ruhige Wahrnehmung der Einheit von Körper und Atem wird Ihnen helfen, sich weniger unsicher und unvollkommen zu fühlen und Ihre Stärken deutlicher zu spüren. Wann immer sich Körper, Atem und Wahrnehmung so verbinden, zeigt sich die Kraft des Selbstbewusstseins. Verinnerlichen Sie die Kraft, die Ihnen diese Einheit verleiht.

3

Du bist
nicht allein
auf der Welt!

Wir Menschen sind schlau. Wir haben gelernt, für unsere Rechte zu kämpfen und unsere Privilegien einzufordern. Dabei haben wir uns über die Jahrhunderte in eine Spezies verwandelt, die tut, als wäre sie der Mittelpunkt einer Welt, die für sie da ist. Das ist eine völlige Verkennung der Tatsachen. Denn es stimmt genau umgekehrt: Wir sind für die Welt da, nicht die Welt für uns. Die Welt kann ohne uns auskommen, wir aber nicht ohne sie! Wie selbstverständlich maßen wir uns heute an, die Erde gehöre uns, als stünde sie zu unserer Verfügung! Es ist nicht »unsere« Erde, sie gehört nicht uns. Sie ist die größere Einheit, wir nur ein Teil davon. Wir als Einzelne sind verzichtbar und austauschbar, sie nicht.

Wir Schlauen verhalten uns nicht nur oft so, als ob es die anderen nicht gäbe. Wir haben auch viele Wesen aus unserem Bewusstsein entfernt, mithilfe der Ratio alle Götter, Engel und Dämonen entmystifiziert: Wir meinen zu wissen, dass sie lediglich Projektionen der Psyche sind. Dass sie Projektionen sind, mag stimmen, aber man kann sie nicht abtun als »lediglich«, als wären sie überflüssig und verzichtbar. Sie sind es nicht. Wir brauchen sie – sowohl für die Gesundheit der Einzelpsyche als auch für die unseres Umfelds, das wir beeinflussen.

》》 Ein Verstand, der nur Logik ist,
gleicht einem Messer, das nichts ist als Klinge.
Die Hand wird blutig beim Gebrauch. 《《

[Rabindranath Tagore | indischer Dichter, 1861–1941]

Die Geister, die wir beschwören

Was mit uns passieren kann, wenn wir so tun, als wären wir aufgeklärt und es herrschte kein Gesetz über uns, erzählt folgende Geschichte. In meiner Kindheit habe ich sie oft gehört.

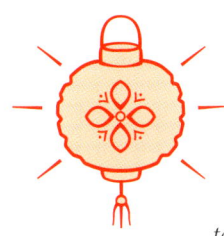

Weisheitsgeschichte

Am Rande eines Dorfes stand ein wunderschöner alter Baum an der Straße. Sobald es dunkel wurde, ging dort niemand mehr vorbei, denn ob jung oder alt, alle glaubten fest daran, dass im Baum ein Geist hauste.

Drei Räuber planten nun, aus diesem Aberglauben ein Geschäft zu machen: Sie wollten sich im Baum verstecken, und wenn doch jemand abends vorüberginge, wollten sie runterspringen, ihn erschrecken und dann ausrauben. Sie wählten eine Neumondnacht aus. Und wie sie es erhofft hatten, ging tatsächlich jemand mit einer Tasche die Straße entlang. Gemeinsam sprangen die drei Räuber hinunter. So schnell, wie er konnte, rannte der Wanderer in Richtung Ortschaft davon, die Räuber aber flohen in die entgegengesetzte Richtung. Warum das? Auf den Baum geklettert waren sie zu dritt, in der Dunkelheit meinten die Diebe aber, vier Personen hinunterspringen zu hören. Ihre Beutegier war offenbar doch nicht stärker als die tief sitzende Angst vor dem Geist. So siegt das Unbewusste zumeist über unsere Ratio.

Viele Zusammenhänge des Lebens und der Natur, all die Kräfte, die in und um uns wirken, verstehen wir noch nicht wirklich. Da hilft es nicht, sie zu ignorieren oder gar so zu tun, als ob wir allein über die Dinge herrschen könnten. So werden wir nie all das, was wir verändert und ausgelöst haben, bändigen können. Die Welt ist komplex, es wirken in ihr sehr viele verschiedene Kräfte und Lebewesen.

Ein einfaches Beispiel dafür, wie uns oft erst die Erfahrung lehrt, was unser Verstand nicht gleich erfassen kann: Stellen Sie sich den riesigen Baum vor, der die kleinen und leichten Walnüsse hervorbringt. Im Gegensatz dazu wächst ein riesiger Kürbis an einer ganz dünnen Ranke. Das scheint nicht logisch zu sein, und wir können das erst einmal nicht verstehen. Aber wir können es mit dem Herzen annehmen und bewundern: spätestens dann, wenn wir unter dem Baum Picknick machen und eine Nuss herunterfällt!

Alles in der Natur annehmen und von Herzen bewundern zu lernen, ist ein großer Schritt, um die Angst zu überwinden – sei es vor Dunkelheit, vor großen Tieren, vor kleinen Lebewesen oder vor Geistern.

Die Natur, unser Lehrmeister

Die Selbstgefälligkeit hinter der rationalen Vorgehensweise hat in unserer Zeit Geister heraufbeschworen, die wie ein Damoklesschwert über unserer gemeinsamen Zukunft schweben. Wir können uns nur wehren, indem wir, die wir Teil der Natur sind, die gleichen Regeln befolgen, die in der Natur für eine harmonische Koexistenz gelten. In einem Biotop können wir beobachten, wie die unterschiedlichsten Lebensformen, sowohl Tiere als auch Pflanzen, trotz aller Konkurrenz und Kämpfe eine Einheit bilden! Wie viel profitiert einer vom anderen, obwohl jeder darauf aus ist, sich die eigenen Wünsche zu erfüllen! Die Natur ist unser bester Lehrmeister! Sie diktiert uns unser oberstes Gebot: WIR MÜSSEN ALLE MITEINANDER AUSKOMMEN.

Wir müssen zwar sehr oft allein für uns kämpfen, aber wir sind nicht allein auf dieser Welt. Ist es nicht auch wunderbar, dass wir nicht allein sind und die Welt ein buntes Umfeld für ein gemeinsames Leben vieler Herzen und Seelen bietet? Stellen Sie sich vor, ein großer Wunsch von Ihnen geht in Erfüllung, Sie sind überglücklich – haben aber niemanden, mit dem Sie Ihr Glück teilen oder feiern können! Wäre das nicht traurig?

Frieden liegt in unserer Hand

Da wir nicht allein sind auf der Erde, wird es immer allerlei Konflikte geben. Der Frieden hat deshalb nur eine Chance: Wir erklären ihn! Wenn wir meinen, der Frieden hänge davon ab, dass der andere Bereitschaft dazu zeigt, wird die Gewalt kein Ende finden. Es liegt allein an uns, die Gewalt schrittweise zu beenden. Wir beginnen damit, indem wir Verantwortung übernehmen für das, was wir getan und was wir unterlassen haben. Auf diese Weise hören wir auf, die Lösung im Verhalten des anderen zu suchen, und ersticken jede Gewalt im Keim.

Die Schuld der anderen ...

Ich erinnere mich an eine beschämende Situation aus meiner Jugendzeit. Eigentlich hätte ich mich dringend auf Prüfungen an der Universität vorbereiten müssen, hatte aber keine Lust dazu. Gleichzeitig stand eine wichtige Aufführung meines Laientheaters mit 20 Mitwirkenden bevor. Mein Freund und ich engagierten uns sehr bei den Vorbereitungen für das Theaterstück. Die meisten anderen betrachteten das tägliche Treffen zu den Proben als eine Art Party; sie kamen, genossen es und gingen, während wir beide sehr viel Gedanken, Planung und Arbeit investierten, damit alles gut über die Bühne ging.

Am Tag nach der erfolgreichen Aufführung war meine Stimmung während der Aufräumarbeit etwas düster, da ich die Universitätsprüfungen plötzlich nicht mehr verdrängen konnte. »Wozu strenge ich mich an, für wen mache ich das hier alles, und was bringt es überhaupt?«, fragte ich mich erschöpft. In den Räumen, in denen wir unser Stück aufgeführt hatten, war sehr viel aufzuräumen, und alles ging unglaublich langsam voran. Viele der Mitwirkenden standen nur herum und schwelgten in Erinnerungen an die Vorstellung. Aus meiner Erschöpfung wurde Wut. »Warum packt ihr nicht mit an?«, schrie ich, nahm eine Latte aus den Bühnenrequisiten und drohte damit einem jungen

Mann, der mir besonders langsam vorkam. Es war der Künstler, der unsere Kulissen gemalt hatte, ein bedächtiger, stiller Mensch. Gott sei Dank reagierte er derart gelassen auf meine Wut, dass er mir damit den Wind aus den Segeln nahm. So kam ich wieder zur Besinnung und legte die Latte still beiseite.

Das Maß an Verantwortung, das wir tragen, können wir nicht nach Belieben festlegen, denn wir stehen mit unseren Wünschen und Sorgen nicht allein in der Welt. Jeder wünscht sich etwas, und nicht alle können zufriedengestellt werden, wenn nicht auch viele Menschen bereit sind, zu teilen und zu geben. Wer die stärkere Schulter hat, wird wohl auch mehr tragen müssen. Und wer den größeren Wunsch hat, muss auch bereit sein, die entsprechend größere Verantwortung zu übernehmen und sich mehr einzubringen als andere. Dann werden wir unser Ziel gelassen und friedlich erreichen.

> **Auf der Welt gibt es genug, um die Bedürfnisse der gesamten Menschheit zu erfüllen, aber nicht genug, um die Gier eines Einzigen zu stillen.**

[Mahatma Gandhi | 1869–1948]

Geiz und Gier führen zu Konflikten und Krieg. Geben ist daher nicht als großzügige Wohltat zu verstehen, sondern als Pflicht, wenn wir uns Frieden wünschen. Und nicht die eigene Großzügigkeit sollte uns ein gutes Gefühl geben, vielmehr liegt das Glück im Geben selbst. DAS GEBEN IST ALSO SOWOHL PFLICHT ALS AUCH GLÜCK. Nichts ist eine wichtigere Lektion für den modernen, selbstzentrierten Menschen als diese Tatsache – nicht nur für sein eigenes Wohl, sondern auch für das Wohl der Erde.

Das Glück
des Gebens

In Indien gibt es eine schöne und weitverbreitete Sitte: Wenn die Frauen morgens das Essen gekocht haben, legen sie zuerst ein wenig davon nach draußen, damit es sich die Krähen holen. Das geht auf eine wunderbare Sitte unter den Krähen zurück. Wenn diese Nahrung sichten, rufen sie zuerst ihre Artgenossen zusammen, bevor sie zu ihrem Fund hinunterfliegen.

In manchen Situationen leiden wir darunter, dass wir selbst unser Bestes geben und die anderen kein bisschen Vernunft zu zeigen scheinen. Ich stand oft im Leben da und beklagte mich wehleidig: »Ich habe dem oder der so viel von mir gegeben. Und ich kriege gar nichts zurück!« Dann war ich wütend oder frustriert oder beides. Zum Glück habe ich inzwischen gelernt, mir in solchen Situationen jedes Mal sofort zu sagen: »Nein, du kriegst sehr viel! Nur halt von anderer Seite.« Das hat die Natur ganz richtig eingerichtet: Wenn wir immer von der gleichen Person, der wir etwas gegeben haben, auch etwas zurückbekämen, würden wir zu berechnenden Menschen. Wir würden nur dann geben wollen, wenn wir Gewissheit hätten, dass wir etwas zurückbekommen, und nur dem geben, von dem wir etwas erwarten. Im gesamten Leben würde es so zugehen wie an einem Ladentisch.

Geben und Nehmen in Balance

Im Laufe meines Berufslebens als Yogalehrer haben ganz unterschiedliche Menschen bei mir Rat oder Anleitung gesucht. An manchen Tagen ist das anstrengend, und ich habe das Gefühl, viel Energie zu verausgaben. Manche Menschen scheinen mich dann regelrecht auszulaugen. Dann gibt es aber auch Tage, an denen ich das Gefühl habe, dass die Menschen nicht deshalb zu mir kommen, um ihre Sorgen loszuwerden, sondern um mir Energie zu schenken. Manche neigen wohl eher dazu, Energie abzuziehen, andere flößen sie einem geradezu ein. Jene, die viel Energie zu kosten scheinen, geben wahrscheinlich anderswo oder an einem anderen Tag viel von sich.

Ein gelingendes Miteinander

Wenn Begegnungen eine gesunde Dynamik haben, halten sich Geben und Nehmen in etwa die Waage. Das ist dann echte SYNERGIE – wie in einem gesunden Biotop. Wenn sich beispielsweise in einem Betrieb alle Mitarbeiter dieses natürlichen Prinzips bewusst sind, dann wirken sie wie die Glieder einer Kette, und die Firma floriert. Das gelingt aber nur, wenn die Betroffenen gern die Verantwortung für sich selbst und ihre Aufgabe übernehmen. Auch eine Familie funktioniert nur gut, wenn alle Familienmitglieder in diesem Sinne miteinander umgehen. Man spricht dann nicht von Geben und Nehmen, so als wäre es möglich, genau abzugrenzen, wer der Gebende und wer der Nehmende ist. Oft funktionieren Großfamilien in dieser Hinsicht besser, weil immer jemand da ist, der das eine oder andere ausgleicht. Wenn das Miteinander unter Menschen gut funktioniert, dann verwischt sich die Trennung zwischen Geben und Nehmen. Jeder ist mal Geber und ein anderes Mal Empfänger, und es lässt sich nicht mehr unterscheiden, wer mehr gibt oder mehr nimmt.

Wenn Geben und Nehmen eins werden

Bei meiner allerersten Reise in die Berge des Himalaja hatte ich ein prägendes Erlebnis. Die Gegend um meine Heimatstadt am Meer ist vollkommen flach, und Berge hatte ich noch nie gesehen. Ich unternahm die Himalajareise auf Empfehlung von Freunden und gelangte nach drei Tagen oben in den Bergen zu einer Dorfschule. Dort schloss ich mich einer Gruppe von Pilgern aus den umliegenden Bergdörfern an, die zu einer abgelegenen, heiligen Flussquelle in 3000 Metern Höhe wandern wollten. So war ich mit etwa 1000 Bergbewohnern drei Tage lang unterwegs und musste bei dieser Wanderung einige steile Aufstiege und Kletterpassagen bewältigen, obwohl ich ja keinerlei Erfahrung mit so etwas hatte. Da ich niemandem mit meiner Unerfahrenheit und Unsicherheit zur Last fallen wollte, nahm ich all meinen Mut zusammen und schaffte es auch irgendwie.

An einer Stelle packte mich dann aber doch die Angst: Da musste ein wilder Gebirgsfluss, der über große Felsen rauschte, überquert werden. Ich stand hilflos da und schaute zu, wie die meisten Mitwanderer bedenkenlos über die nassen Felsen liefen. Einer, der mein Zögern bemerkte, gab mir ein Zeichen, dass ich die Schuhe ausziehen solle. So nahm ich diese in die Hand und ging barfuß los. Die rutschigste und gefährlichste Stelle bei der Überquerung kam näher, und ich zögerte wieder. Da streckte mir eine ältere Frau, die vor mir ging, ihre Hand entgegen. Ich war im ersten Augenblick sehr erleichtert, dass jemand mir Halt bot, und nahm ihre Hand. Dann wurde mir jedoch klar, dass sie mir keine Stütze geben wollte, sondern selbst unsicher war und deshalb um meine Hilfe bat. Wie hätte ich es mir da leisten können, zaghaft oder ängstlich zu reagieren? Wir wären beide in den reißenden Fluss gefallen und vermutlich darin umgekommen. Also nahm ich ihre Hand, und wir liefen vorsichtig weiter über die Felsen. Ich war so froh, dass ich nicht allein war!

Es wäre anmaßend zu behaupten, ich hätte ihr geholfen, den Fluss zu überqueren. Ich gab und bekam gleichermaßen Hilfe. Als wir ans andere Ufer gelangt waren, dankte ich dem Himmel, dass er meinen Wunsch erhört und mir auf so elegante Weise geholfen hatte!

DAS LEBEN IST DANN BESONDERS SCHÖN, WENN DAS GEBEN UND DAS NEHMEN IHRE POLARITÄT VERLIEREN UND EINS WERDEN!

Das Ritual der Dankbarkeit

In früheren Zeiten haben die Menschen den Regen, die Sonne und andere Naturelemente angebetet. Es wäre herablassend von uns, zu meinen, dass sie primitiv waren, weil sie Angst vor den Elementen hatten und deshalb versuchten, sie durch Gebete zu beschwichtigen. Sicher haben sie auch zu ihnen gebetet, um ihren Dank auszusprechen. In Indien wie in vielen Kulturen haben die Menschen den Elementen in aufwendigen Ritualen Gaben geopfert. Der Bruch eines Rituals galt als Schande, weil dadurch den Elementen, die uns so viel geben, das entzogen wurde, was ihnen zusteht.

Eine ähnliche Bedeutung hat der Ahnenkult, der im Gegensatz zu vielen anderen Riten selbst in unserer modernen rationalen Welt noch eine große Rolle spielt. Menschen gehen zum Friedhof oder gedenken der Toten an ihrem Todestag oder an Allerseelen. Viele Menschen sind auch heute noch darauf bedacht, dass dieses Ritual von ihren Nachkommen weiter gepflegt wird. Auch mit diesem Brauch wollen wir für das Leben, das wir bekommen haben, danksagen und das Gefühl feiern, Teil einer langen Ahnenreihe, eines größeren Ganzen zu sein.

Verantwortung zu tragen, ist ein Geschenk

In der Bhagavadgita sagt Krishna, der hier nicht nur spiritueller Meister, sondern Gott selbst in menschlicher Gestalt ist: »Nachdem ich alles geschaffen habe, muss ich mich doch darum kümmern! Bin ich als Gott nicht ein Vorbild für die Menschen? Wenn ich nicht bereit bin, mich weiterhin einzubringen, was werden dann jene tun, die auf mich schauen?« Nein, ZU GEBEN IST KEINE SACHE DER WAHL. Erst recht, wenn wir Wünsche haben, sind wir gefordert, bereitwillig zu geben. Und mit nichts geben wir selbstverständlicher, als wenn wir unsere Verantwortung selbstlos tragen wie etwa beim Totengedenken. Dann werden all unsere Aktivitäten zu Ritualen der Dankbarkeit.

Großes entsteht nicht um des Lohnes willen

Wenn ich einen der großen alten indischen Tempel besuche, bin ich jedes Mal von der Komplexität und Schönheit der Architektur ergriffen. Was haben hier Menschen an Arbeit geleistet, damit ich heute einen wohltuenden Raum habe, um seelisch aufzutanken?! Was waren das für Menschen, denen ich nie etwas zurückgeben kann? Die gleichen Gedanken bewegen mich, wenn ich in Deutschland Auto fahre oder im Zug sitze. Unter welch schweren Bedingungen haben hier Menschen über zwei Jahrhunderte hinweg gearbeitet, sodass wir heute alle sorglos und sicher von einem Ort zum anderen pendeln können? Was geben wir ihnen zurück? Mag sein, dass wir alle Steuern zahlen, mag sein, dass sie alle einen Lohn bekommen haben.

Wenn das aber die einzige Wahrheit wäre, dann hätten Menschen seit eh und je nur um der Steuer und des Lohnes willen das meiste zustande gebracht, was sie geschaffen haben. Das stimmt aber nicht. Das spüren wir genau, wenn wir die ästhetische Präzision der Dinge betrachten – egal ob es ein Tempel, eine Brücke, ein Denkmal oder ein Bahngleis ist und ob es nun ein Gott, Menschen oder sonst etwas aus der Natur erschaffen haben. Immer dann gelingt das beabsichtigte Werk, wenn es mit Freude und Selbstverständlichkeit entsteht und nicht wegen des Lohns oder der Steuerpflicht. WIE SCHÖN WÄRE EINE WELT, IN DER WIR DIE KULTUR DES GEBENS PFLEGEN!

Nehmen hat seine Grenzen

Wie kann die Rechnung in der Welt je aufgehen, wenn wir nicht genauso viel geben, wie wir nehmen? Wir dürfen nicht vergessen: Egal, wie viel wir besitzen, wirklich nützen wird es uns letztlich nur wenig. Was haben wir davon, wenn wir immer mehr Materielles und Informationen anhäufen? Um unsere essenziellen Wünsche zu erfüllen, brauchen wir im Grunde nur wenig.

Weisheitsgeschichte

Ein Wanderer war unterwegs sehr durstig geworden. Zwar hatte es heftig geregnet, und überall stand das Wasser in großen Pfützen, doch dieses Wasser war keine Hilfe gegen den Durst. Da entdeckte er in der Ferne einen Stausee und lief eilig hin in der Hoffnung auf gutes klares Wasser. Der See war weit über die Ufer getreten, und der Wanderer watete lange durch die schmutzigen Wasserfluten, die das Land überschwemmten, bis er ans eigentliche Ufer kam und seinen Durst endlich stillen konnte.

Was für eine Tragödie ist es, wenn wir an das Eigentliche gar nicht herankommen, weil um uns alles vor Dingen überquillt! Das Geben und Teilen ist oft die Rettung für uns, weil es entlastend und klärend wirkt. Und in der Bhagavadgita heißt es: »Was bringt ein großes Wasserreservoir dem Durstigen? Er braucht lediglich ein paar Tropfen, um sein Bedürfnis zu stillen. Um ein Problem zu lösen, brauchen wir nicht besonders viel Wissen, sondern nur das wenige, das wir in die Tat umsetzen können.« (2.46)

Vom Wert des Geldes und des Beistands

Ein Schulfreund von mir war der Sohn eines reichen und geselligen Geschäftsmannes. Er bewunderte seinen Vater und wünschte sich innig, genauso zu werden wie er. Allerdings mochte er es nicht, dass sein Vater recht verschwenderisch war, viel Geld ausgab und sich auch Bittstellern gegenüber sehr großzügig zeigte.

Mein Freund verbrachte die Freizeit und die Wochenenden im Geschäft des Vaters, vernachlässigte die Schulaufgaben und entwickelte sehr früh die Fähigkeiten eines guten Händlers. Er beendete die Schule vorzeitig, widmete sich mit Leib und Seele dem Handel und wurde bald sehr erfolgreich. Als er 40 war, geriet er eines Tages in einen

Autounfall und wurde dabei entführt. Die Familie zahlte eine beträchtliche Summe und bekam ihn zum Glück frei. Mein Freund war seitdem ängstlich und menschenscheu. Ihm wurde bewusst, dass das Thema Geld, das ihn seit frühester Jugend fasziniert hatte, auch eine höchst beängstigende Angelegenheit sein kann. Er erkannte dagegen den Wert des Beistands, den er bei der Entführung erfahren hatte – und allmählich wandelte sich seine Gesinnung. Er beschloss, dass die Menschen, die für ihn oder mit ihm arbeiteten, ab nun im Geschäft die oberste Priorität haben würden. Statt um Gewinnzahlen kümmerte er sich jetzt mehr ums Arbeitsklima. Diese neue Sicht auf seine Verantwortung gegenüber den Mitarbeitern gab ihm Kraft. Langsam gewann er seine fröhliche und gesprächige Natur zurück und fühlte sich wieder wohl in seiner Haut. In meinen Augen hatte sich sein Wunsch erfüllt: Er war auf seine Weise so geworden wie sein Vater.

3

Glück will geteilt sein

Das Glück des Gebens überwiegt alles andere Glück. Das können viele Menschen bezeugen, die Ruhm, Geld oder Macht erworben haben und danach in eine Sinnkrise geraten sind. Spätestens dann, wenn der ersehnte Wunsch in Erfüllung geht und wir glücklich geworden sind, möchten wir Menschen um uns haben, mit denen wir wenigstens etwas von unserer Freude teilen können.

Eine leckere Mahlzeit schmeckt noch besser, wenn wir sie mit jemandem gemeinsam genießen. Wenn wir eine freudige Nachricht empfangen, weckt das in uns sofort den Wunsch, ja das Bedürfnis, sie jemandem mitzuteilen. Ein Mensch, der wunschgemäß reich oder mächtig wurde, wird völlig vereinsamen, wenn er niemanden hat, mit dem er seine Macht oder seinen Reichtum teilen kann. Deshalb ist es wichtig, die Tugend des Teilens zu kultivieren. Leider aber lässt sich das Geben oft nicht planen oder regeln. Denn raffiniert geplantes Helfen endet in der Regel in Machtpolitik. Anonymes Helfen ist langfristig auch keine Lösung, denn es ist ein bisschen wie der Lottogewinn: Da wir keine direkte Verantwortung für das Helfen tragen, kann es uns nicht tiefgreifend erfüllen.

HELFEN IST IMMER DANN HEILSAM, WENN ES SOWOHL SPONTAN ALS AUCH SOFORT GESCHIEHT. Wenn zwischen dem Impuls des Helfenwollens und dem Handeln selbst keine nennenswerte Lücke besteht, ist es Soforthilfe. Eine Hilfe, die nicht abwägt oder berechnet, ist spontan. Wenn wir jemandem in Not helfen, sollten wir das so tun, als würden wir ihn nie wiedersehen oder als könnte er uns in keinster Weise je dienlich sein. Dann helfen wir in einem spontanen und guten Geist. Nur Tauschende und Streitende können eine Rechnung offen haben, nicht einer, der von sich aus etwas teilen will. Uns für etwas zu »revanchieren«, ist in diesem Sinne keine Hilfe. »Hilfe sollte so spontan sein, wie wir uns selbst helfen, wenn unser Kleid vom Leib rutscht«, sagt der Yogi Thiruvalluvar. Das tun wir jedes Mal, wenn ein Unglück, sei es klein oder groß, vor unseren Augen geschieht, wenn zum Beispiel jemand vor uns auf der Straße hinfällt und wir ihm unmittelbar zu Hilfe eilen.

Zu teilen heißt, sich als Teil eines Ganzen zu sehen

Jede wahre Erfüllung führt uns in eine Fülle, in der wir uns eins fühlen mit anderen Menschen oder sogar mit dem großen Ganzen. Das ist die Freude, die jede Wunscherfüllung mit sich bringt. Deshalb sollten wir uns von vornherein anderen Menschen zuwenden, wenn wir möchten, dass unser Wunsch sich erfüllt. Und wenn es sich dann einstellt, wissen Sie ja: Geteiltes Glück ist doppeltes Glück!

In einer Kultur des Gebens ist es undenkbar für die Menschen, ihr Essen nicht mit Gästen zu teilen, die unerwartet zu Besuch kommen. Da

> Wer das Ganze **in allen Teilen** sieht
> und in jedem Teil das **Ganze,**
> gerät nie aus der **Ganzheit.**

[Bhagavadgita 6.30]

würde niemand auf die Idee kommen, zu sagen: »Warte bitte dort im Wohnzimmer, ich esse schnell und komme dann später zu dir!« Oder: »Ich esse gerade und habe nicht genug gekocht für so viele Leute, es tut mir leid.« Man teilt einfach, was da ist. Und wenn wir unser Essen teilen, werden wir auf jeden Fall mindestens so satt, wie wenn wir alles allein essen, was wir gekocht haben. Jeder, der es schon mal so gemacht hat, wird das bestätigen. In einem spirituellen Sinn ist ein anderes Essverhalten ungesund – und das, wie mich eine Ärztin lehrte, auch in einem leiblichen Sinn.

Gemeinsamkeit macht glücklich

Als mein Sohn klein war, aß er schlecht. Als besorgte Eltern gingen wir zur Kinderärztin und baten sie um Rat. »Oh, ein Einzelkind! Laden Sie regelmäßig andere Kinder zum Essen ein, dann wird es besser.« Das war eine weise Antwort, die wirklich half. Wie genau hatte diese europäische Ärztin, ohne es zu ahnen, mein Wissen aus den indischen Yogaschriften ins praktische Leben übertragen!

Wenn die Eltern immer wieder sagen: »Ich habe das alles für dich gekocht, und du musst es essen!«, ist das für eine gesunde junge Seele nicht nachvollziehbar. Essen ist etwas ganz Elementares und Glückbringendes. Der Mensch als geselliges Wesen will dabei eigentlich nicht allein sein. So lehrt uns das Essen sehr viel über die Bedingungen dafür, wie wir Glück erfahren können!

3

Vertraue
auf deine
kreative Kraft!

4

→ In den Veden, einer der ältesten Schriften
der Menschheit, heißt es: »Vertrauen ist
die Mutter allen Bestrebens, die Weisheit des
Herzens.« Es schenkt uns Mut, Wünsche
zu haben, und die Gewissheit, sie uns erfüllen zu können. Vertrauen können wir in
einen Menschen oder Gegenstand setzen,
aber vor allem in uns selbst.

Das wichtigste

Vertrauen ist das

Selbstvertrauen

Die goldene Regel für jeden, der seine Wünsche erfüllt sehen will, heißt: GLAUBE AN DAS GUTE IN JEDEM MENSCH, DOCH VERTRAUE VOR ALLEM DIR SELBST! Wer wirklich glauben können möchte, dass sein Wunsch erfüllt wird, muss erst mal Vertrauen in seine eigene Kraft entwickeln. Nur wer echtes Vertrauen zu sich hat, wird fähig, anderen zu glauben. Selbst jeder religiöse Glauben kann in die Irre führen, wenn er nicht auf einem stabilen Selbstvertrauen gründet.

Weisheitsgeschichte

In früheren Zeiten gab es in Indien einen Wettbewerb für erfahrene Bogenschützen. Hoch über einem Brunnen und in der Mitte eines sich drehenden Rades wurde ein Zielobjekt angebracht. Wer den Meistertitel im Bogenschießen erringen wollte, musste hinunter in das stille Wasser schauen und zugleich das Ziel weit oben treffen. Nur derjenige konnte ein Meister werden, der in seinem Spiegelbild den Mut fand, das gewünschte Objekt zielgenau herunterzuholen.

Der Meister sieht in der Spiegelung sich selbst und sein Ziel. Weil er voller Selbstvertrauen ist, stärkt ihn der Blick auf sein Spiegelbild. So ist er ganz auf sein Können und sein Ziel konzentriert und wird durch keinen Zweifel irritiert.

Wir können uns selbst vertrauen

Lassen Sie uns eine positive Bilanz ziehen: Wenn wir die Anzahl der Wünsche, die in unserem Leben in Erfüllung gegangen sind, abwägen gegen die Wünsche, die unerfüllt geblieben sind, werden wir sehen, dass letztlich doch einiges in Erfüllung gegangen ist oder dass die erfüllten Wünsche sogar überwiegen. Klar, viele Wünsche gingen nicht so in Erfüllung, wie wir es uns vorgestellt hatten. Viele wurden zu einem Zeitpunkt erfüllt, als wir die Erfüllung schon gar nicht mehr erwartet hatten. Und natürlich können wir auch etliche Enttäuschungen und unerfüllte Wünsche aufzählen. Dennoch: Wenn wir uns umschauen, finden wir mit Sicherheit viele Menschen, deren Los bedauernswerter ist als unseres, deren Selbstvertrauen aber trotzdem stark geblieben ist. Beim Vergleich mit solchen Menschen oder mit anderen, die mehr Glück zu haben scheinen als wir, ist es wichtig, deren SELBSTVERTRAUEN ALS INSPIRATION zu nehmen und damit den Blick für unser eigenes zu stärken, denn: Wir alle sind mit Selbstvertrauen ausgerüstet.

Dieses grundlegende Selbstvertrauen äußerte sich schon im Mutterleib, als wir uns auf den Weg hinaus gemacht haben. Nur weil wir Selbstvertrauen haben, machen wir uns die Mühe, im Leben weiterzukommen. Wäre der Überlebensinstinkt oder der Lebenswillen allein der Hauptantrieb in unserem Leben, hätten wir wenig Spielraum oder Freiheiten und würden dem Thema Glück keine so große Bedeutung beimessen.

Die Stimme und das Selbstvertrauen

Durch die Stimme findet das Selbstvertrauen seinen ersten Ausdruck. Der erste Schrei ist der zweifelsfreie Beweis des »Ich bin!«. Im Glucksen und Lachen findet das Kind seine erste Befriedigung, die es steigern will, wenn es unsere Anteilnahme fordert. Mit den ersten Lauten und Worten begleitet das Kind nicht nur seine Erkundung der Welt, sondern bekommt zugleich ein Mittel, mit der Welt umzugehen. Vor allem mithilfe von Stimme und Worten sorgt das Kind allmählich dafür, dass seine Bedürfnisse erfüllt werden, und erobert so nach und nach seine Welt. Sich selbst zu vertrauen, bedeutet, an die eigene Stimme und an das eigene Wort zu glauben.

Deshalb werden in allen Kulturen seit eh und je Wünsche als Gebete ausgesprochen. Indem wir einen WUNSCH IN WORTE FASSEN, bekennen wir uns verbindlich zu ihm. Durch das andächtige Aussprechen im Gebet verbinden wir uns mit dem Gewünschten und bezeugen, dass wir empfangsbereit sind. Das Gebet drückt nicht nur den Glauben an eine äußere Kraft aus, die diesen Wunsch erfüllen soll. Es bekundet vor allem auch das Vertrauen in eine eigene innere Kraft, die wir durch das Gebet aktivieren und stärken, um mit ihrer Hilfe die gewünschte Erfüllung zu finden.

Wie die Stimmung auf die Stimme schlägt

Da die Stimme eine so starke Beziehung zu unserem Innenleben hat, verrät sie viel über unsere Stimmung und unsere Zuversicht. Wenn die Stimme natürlich klingt – weder aufgesetzt noch unnötig erhöht, zaghaft oder unsicher –, ist das ein gutes Zeichen dafür, dass wir in uns ruhen und uns selbst vertrauen.

Eine meiner Schülerinnen arbeitete in einem Labor. Sie hatte die Gabe, ein Problem schnell zu erfassen und Lösungen zu finden. Nun wünschte sie sich endlich einen Aufstieg in ihrem Job und größere Herausforderungen. Dem Vorgesetzten schien jedoch die temperamentvolle Art, mit der sie ihre Ideen einbrachte, nicht zu gefallen. Er versuchte offenbar, sie von wichtigen Themen fernzuhalten, indem er sie mit allen möglichen unbedeutenden Aufgaben auslastete. Aktuell hatte sie zu einem Labortest, der wiederholt missglückt war, einen Vorschlag gemacht, der das Problem gelöst hätte. Das wurde aber einfach ignoriert.

Während die Schülerin mir nun wütend von dem Vorfall berichtete, wurde ihre Stimme heiser. »Glaubst du wirklich, dass du gemobbt wirst?«, fragte ich sie. »Ja, sicher!«, antwortete sie. »Bist du ganz fest davon überzeugt, dass deine Lösung gut ist?«, hielt ich ihr entgegen. »Aber natürlich ist meine Lösung gut, das glauben übrigens andere in unserem Team auch«, erwiderte sie. »Du musst mich nicht überzeugen, ich bin nicht vom Fach. Trotzdem: Sprich jetzt deine Vorschläge aus. Aber das muss mit Selbstvertrauen tief aus dir herauskommen!«

Ich ließ sie ihre Worte mehrmals wiederholen, bis ich überzeugt war, dass sie gelassen vortragen konnte, was sie als Lösung empfand – nicht aus der Defensive heraus, sondern unaufgeregt, voller Selbstvertrauen und mit einer Stimme, die tief aus dem Bauch kam. Allmählich wurde in ihrer Stimme eine lockere Gewissheit hörbar – und so gelang es ihr später tatsächlich, ihren Chef zu überzeugen. Meine Schülerin lernte anhand dieser einfachen Übung, dass neben guten Qualifikationen auch ein robustes Selbstvertrauen notwendig ist, um Karrierewünsche voranzutreiben und Mobber in ihre Schranken zu weisen.

Sich der eigenen Position sicher sein

Sich der eigenen Position sicher zu sein, bedeutet, sich wohlzufühlen in der eigenen Haut. Haben wir einen klaren eigenen Standpunkt, können wir innerlich ruhig und entspannt sein. Wir brauchen auf niemanden wütend zu werden, denn die WUT packt uns immer nur dann, wenn wir unsicher sind. Die Wut verrät, dass wir von uns selbst und unseren Ideen nicht zutiefst überzeugt sind.

Auch wenn wir uns in unserer Umgebung nicht sicher fühlen, drückt sich das in der Stimmung und Stimme aus – zum Beispiel bei Neugeborenen, die ständig schreien. Beim sogenannten Schreikind, das ohne körperliche Ursachen fortwährend schreit, geht es um die verlorene Geborgenheit im Mutterleib. Erst wenn es wieder eine ähnlich große Sicherheit empfindet, hört es allmählich auf zu schreien.

4

Selbstvertrauen macht stark

Sich sicher zu fühlen, bedeutet, Selbstvertrauen zu haben. Uns selbst zu vertrauen, ist die größte Kraft, die wir in uns mobilisieren können. Und das können wir! Wir können fest daran glauben, dass wir das Zeug dazu haben, uns unsere Wünsche zu erfüllen, beziehungsweise dazu beitragen können, dass sie erfüllt werden. Wir dürfen also weder zaghaft noch halbherzig sein. Wenn wir halbherzig sind, schwankt unser Interesse zwischen dem, was zu tun ist, und dem Ergebnis. Erst wenn wir uns ganz dem Tun widmen und die Sache ohne zu zweifeln zu Ende führen, kann ein großer Wunsch wahr werden. Dafür müssen wir an uns glauben, müssen das Selbstvertrauen haben, zu sagen: »Ich kann es.«

Das soll auch die Geschichte von dem Fischjäger ausdrücken, der seinem Schüler verbot, mit zwei Pfeilen in den Fluss zu gehen, um einen Fisch herauszuholen: »Wenn du zwei Pfeile hast, zögerst du. Du wirst es also mit einem einzigen machen!« Ein Sportler, der bei einem Wettbewerb siegen will, muss seinen Fähigkeiten absolut vertrauen. Jeder Kandidat, der zu einem Vorstellungsgespräch geht, sollte sich ganz sicher sein, dass er eine gute Wahl ist. Und jeder, der die Liebe eines Menschen gewinnen will, muss das aus tiefstem Herzen ausdrücken, sprich: an die eigene Liebe glauben, damit er nicht überhört werden kann. Erst wenn wir gänzlich vom eigenen Wert und von unserem Wunsch überzeugt sind, wird das, was wir uns wünschen, wahr.

> **Wenn du etwas erreichen möchtest,
> dann diene ihm, erkunde es
> und gib dich ihm hin.**
>
> [Bhagavadgita 4.34]

Ich kann es!

Ja, jeder von uns kann sich selbst vertrauen. Es bedarf jedoch beharrlichen Dranbleibens und innigen Wünschens. Das schildert die folgende Geschichte.

Weisheitsgeschichte

Ein tiefgläubiger Maurer wollte einen Tempel bauen. Er hatte das Gebäude perfekt geplant und hätte es auch selbst bauen können, nur die Mittel dafür besaß er nicht. Also ging er zu den Kaufleuten und reichen Bauern, um ihre Unterstützung zu erbitten. Doch niemand glaubte an seinen verrückten Plan. Dadurch ließ sich der Maurer aber keineswegs von seinem Ziel abbringen. Er beschloss, noch einmal in Ruhe über sein Vorhaben nachzudenken. Also setzte er sich an der geplanten Baustelle nieder, schloss die Augen und fing an, den gesamten Bau Schritt für Schritt und Stein für Stein in seinem Herzen zu errichten. Da ritt der König vorbei und sah den innig strahlenden Mann. Das beeindruckte ihn sehr, und er erkundigte sich, wer das sei, hörte alles über dessen Pläne und beschloss, den Bau zu fördern.

Ganz ähnlich sollten auch wir vorgehen, wenn wir eine eigene gute Idee im Betrieb durchsetzen, eine Förderung für ein Projekt bekommen, ein Unternehmen gründen wollen oder auch uns nahestehende Menschen von etwas überzeugen möchten! Wir sollten uns niemals von Niederlagen einschüchtern lassen, sondern sie stets als eine Herausforderung betrachten. Dann erst werden wir noch tiefer in uns gehen und unser Ziel schließlich mit größtmöglicher Gewissheit ansteuern. Dann erst nehmen wir gern jede Mühe auf uns – im festen Vertrauen darauf, dass wir das Ziel erreichen werden.

4

Das Selbstvertrauen fördern

Es gibt fünf Quellen, die unser Selbstvertrauen nähren und unser Grundvertrauen stärken können. Wir sollten zumindest aus einigen von ihnen im Laufe des Lebens schöpfen:

1 Die Natur
2 Das Licht
3 Die Weisheit
4 Die Schöpferkraft
5 Das Herz

Schauen wir uns diese fünf Quellen nacheinander an und lassen wir uns von ihnen zu mehr Zuversicht inspirieren.

Verbundenheit
spüren
in der Natur

Wir fühlen uns wohl in der Welt, in der wir leben, wenn wir sie uns vertraut machen. Ein Kleinkind gewinnt Zuversicht und richtet seinen Gang auf, indem es die Welt um sich herum erkundet. Das ist der übliche Weg, sich behaupten zu lernen. Wir schauen uns im Laufe unseres Lebens immer mehr von der Welt an, spiegeln uns in ihr und überwinden so mit der Zeit das Gefühl des Getrenntseins. Das ist der heilsamste und naheliegende Weg, Vertrauen zu gewinnen.

Wenn wir Kinder sind, besteht unsere Welt erst mal aus dem Zuhause, in dem wir leben. In seinen vier Wänden werden wir uns unseres Platzes bewusst. Wir erweitern diesen Raum, wenn unsere kleine Welt wächst und allmählich die Nachbarschaft, den Wohnort, die umgebende Natur und den Kulturraum mit einschließt. Das geschieht in der Regel automatisch im Laufe der Jahre, wenn wir durch Kindergarten, Schule, Ausbildung und Beruf und über privaten und familiären Austausch die Welt weit über die eigenen vier Wände hinaus kennenlernen. Dies ist dennoch nicht die ganze Welt, sondern nur der Teil, mit dem wir unmittelbar zu tun haben und der für uns vordergründig wichtig ist. Allmählich sollten wir DIE AUGEN FÜR DIE GESAMTE WELT ÖFFNEN, die ganze Natur wahrnehmen – und weniger das Andersartige, Fremde betonen, als vielmehr eine Bereicherung darin sehen.

Wir sind Teil eines großen Ganzen

Stellen Sie sich vor, wie sich unser Bewusstsein weiten könnte, wenn wir die gesamte Erde und den Raum und die Gestirne immer wieder in unsere Wahrnehmung einschließen würden! Wir sind nicht mehr nur auf unsere Herkunft und Familie stolz, was ohnehin schwierig ist, wenn wir dort verletzt wurden. Wir sind nicht nur überzeugt von unserem Kulturraum oder Land, die uns irgendwann auch enttäuschen können. Wir sind nicht nur Teil einer Weltbevölkerung von Menschen, die mit ähnlichen Unsicherheiten und Ängsten kämpfen wie wir selbst. Nein, wir sind dann Teil eines großen Ganzen, das wir »Welt« oder »Kosmos« nennen. In einem solchen Bewusstsein zu weilen, macht das Selbstvertrauen unerschütterlich. Da erkennen wir unseren Platz in der großen Ordnung und werden viel selbstsicherer.

4

Mein **religiöses Gefühl**
liegt in der Bewunderung der **Harmonie,**
die sich in den **Naturgesetzen** zeigt.

[Albert Einstein | Physiker, 1879–1955]

Wir betrachten den gesamten Raum zwischen Himmel und Erde als unser Zuhause. Das ist der eigentliche FREIRAUM, nach dem wir uns letztlich alle sehnen. Zu einer Flucht wird eine solche Haltung nur dann, wenn wir unsere Herkunft, unseren eigenen Kulturraum und die Welt unmittelbar um uns herum gering schätzen.

> Was ist das für eine Einheit,
> die wie ein Faden alle Perlen des Kosmos,
> also jedes Lebewesen und Objekt, zusammenhält?
> Sie ist unsere persönliche Gottheit.

[Bhagavadgita 7.7]

Sich dieses einen großen Kosmos, der die ganze Erde, alle Menschen, Lebewesen und Gestirne mit einschließt, immer bewusst zu sein, ist nicht schwierig. Man kann das in kleinen Schritten üben. Beharrlichkeit fördert das Bewusstsein. Das schildert folgendes Beispiel:
Einer meiner Schüler litt unter schrecklicher Unruhe. Er nahm Beruhigungsmittel, um die Nervosität in den Griff zu bekommen. Die Medikamente machten ihn aber träge, und dadurch wurde er immer unzufriedener. Er warf sich ständig vor, dass er nichts änderte, fand aber auch nicht den Antrieb, etwas für sich zu tun. Da er jedoch eigentlich ein gesundes Selbstvertrauen besaß, war er davon überzeugt, sein inneres Gleichgewicht wiedererlangen zu können. Ich riet ihm zu drei Schritten, um wieder Boden unter den Füßen zu bekommen – und die halfen ihm sehr. Ich gebe sie hier wieder, da sie bewährte Wege sind, sich mit der Welt und der Natur inniger zu verbinden:

→ Gehe täglich im Wald oder Park spazieren und bewundere die Kraft, mit der die gesunden Bäume gedeihen, sinne über ihre Widerstandsfähigkeit und ihr hohes Alter nach.

→ Biete deine freiwillige Mitarbeit in einem Zoo oder Tierheim an und reflektiere über die Selbstverständlichkeit, mit der die Tiere ihr Schicksal annehmen und damit zurechtkommen.

→ Reise in ein armes Land (oder schau dir zumindest Reportagen darüber an), wo die Menschen wirkliche Existenzprobleme haben und dennoch lachen und nicht nur um sich selbst kreisen.

So werden wir ACHTUNG VOR DEM LEBEN, vor der ganzen Schöpfung entwickeln. Das ist eine sichere Grundlage für eine unerschütterliche Selbstachtung. Wenn wir diese entwickeln, werden wir echte Kraft aus uns schöpfen und uns selbst zutiefst vertrauen können.

ÜBUNG

Verbundenheit und Erdung spüren

→ Suchen Sie sich eine bequeme Sitzgelegenheit, von der aus Sie ein schönes, still wirkendes Objekt sehen können. Lassen Sie sich etwas Zeit, bis Ihr Atem ruhig wird. Betrachten Sie das Objekt eine Weile mit entspanntem Blick, bis Sie alles ganz in sich aufgenommen haben.

→ Schließen Sie dann die Augen. Visualisieren Sie das Objekt innerlich, sodass Sie es hinter Ihren Augenlidern wahrnehmen. Bleiben Sie dabei.

→ Nach einer Weile betrachten Sie das Objekt wieder mit offenen Augen.

→ Machen Sie insgesamt vier Durchgänge. Danach bleiben Sie noch ein paar Minuten ruhig sitzen. Nehmen Sie mit offenen Augen und weichem Blick das Objekt , Ihre Umgebung und sich selbst entspannt wahr.

Die Sinne verbinden die äußere Welt mit unserem Inneren und können uns zu der Wahrnehmung verhelfen, dass Außen und Innen nicht wirklich getrennt, sondern eine Einheit sind. Das bewirkt ein Gefühl der Verbundenheit und Erdung.

4

Das Licht
der Sonne
und der Seele

Die Sonne nährt uns mit Wärme, ihre Strahlen wirken positiv auf unsere Gesundheit, und sie ermöglicht das Wunder des Sehens. Wir finden sie auf der Erde als Feuer wieder. Seit Urzeiten erfreuen Sonne und Feuer das Menschenherz und sind in allen Kulturen wichtige Symbole in Gebeten und Ritualen. Ihr Licht ist eine Erinnerung an die Schöpfungskraft.

Auch in unserem Herzen finden wir Helligkeit und Wärme. Das innere Licht ist es, das unser Gemüt aufhellt und ein spontanes Lächeln aufs Gesicht zaubern kann. Schmerzen und Sorgen verdunkeln manchmal das Gemüt. Wenn sie übermächtig werden, können wir nichts Helles mehr in uns empfinden. Wenn sie sich dauerhaft in uns ausbreiten, bekommen wir sogar das Gefühl, dass es gar keine Lichtquelle mehr in uns gibt. In Wahrheit aber erholen wir uns in der Regel auch vom tiefsten Schmerz. Es ist eine Frage der Zeit, bis wir wieder lächeln und lachen und das Helle in uns wahrnehmen können. Das innere Licht verschwindet nie, solange wir leben. DER MITTELPUNKT UNSERES SELBST BLEIBT IMMER HELL UND LEUCHTEND, auch wenn er manchmal von den Schleiern unserer Trübsal verhüllt ist.

Die einzige Lichtquelle, die nie aus- oder untergeht, ist das Licht des Herzens, das in jedem Menschen vorhanden ist.

[Bhagavadgita 13.17]

Sonne und Feuer versinnbildlichen dieses innere Licht. Auch deshalb steht das Feuer als Kerze oder Öllampe in jeder Andachtsstätte, sei es ein Tempel, eine Kirche oder ein Friedhof.

Herzenslicht und Atem – wie Flamme und Wind

Die Flamme einer Kerze, die in einem windstillen dunklen Raum brennt, ist das Symbol des Herzenslichts. Die Flamme hat eine große Leuchtkraft, solange kein störender Wind weht. An uns liegt es, die Flamme zu schützen, indem wir den Wind regulieren, wenn sie möglichst still brennen soll. Das gilt auch für unser Herzenslicht. Wenn wir MITHILFE UNSERES ATEMS DIE STÄNDIGE UNRUHE IN UNS BESÄNFTIGEN, wird das innere Licht still und ruhig brennen. Das geschieht in jeder innigen Meditation: Wir lassen den stillen und lichtvollen Betrachter in uns leuchten und durch sein Licht alles beleuchten. In der Übung auf der folgenden Seite können Sie dies erfahren. Die Bhagavadgita sagt: »Ruhig wie eine Flamme im windstillen Raum leuchtet der Geist des Weisen inmitten von Reizen.« (6.19)

Das äußere und innere Licht feiern

Weil Sonne und Feuer so wichtige Erinnerungen an das eigene innere Licht sind, sollten wir sie nicht nur als bedeutende Naturphänomene schätzen, die unser Überleben garantieren, sondern wir sollten auch ihre metaphysische Bedeutung immer wieder würdigen und feiern. Wenn wir ihre Kraft – die auch für die Rationalisten unter uns offenbar ist – in uns selbst wiederfinden, können wir daraus Mut und Selbstvertrauen schöpfen. Eine Kerze anzünden oder auch ein Feuer machen, geduldig hinschauen, bis die Flamme ruhig wird, und das Bild der Flamme aus dem Herzen heraus grüßen: Das ist ein schlichtes Ritual, um das Licht im Herzen zu ehren.

4

ÜBUNG

Das Licht im Herzpunkt visualisieren

In dieser Übung verbinden Sie sich mit dem leuchtenden Kern Ihres Selbst.

→ Stellen Sie in einem windstillen Raum einen bequemen Stuhl mit gerader Sitzfläche bereit, oder legen Sie eine Decke oder ein Sitzkissen auf den Boden. Platzieren Sie eine brennende Kerze oder Öllampe in ein bis zwei Metern Entfernung so, dass die Flamme, wenn Sie sitzen, etwas unterhalb der Augenhöhe ist.

→ Setzen Sie sich aufrecht hin, und senken Sie das Kinn sanft. Ermitteln Sie Ihren Herzpunkt mithilfe der Hände: Er liegt in der Mitte zwischen dem Bauchnabel und der Halsgrube. Legen Sie die Fingerspitzen beider Hände an den Herzpunkt, und lassen Sie die Ellbogen entspannt sinken.

→ Schauen Sie auf die Flamme, und nehmen Sie ihr Bild ganz in sich auf. Sie ist von Rauch umgeben, aber ihre Mitte ist hell und strahlend ohne jegliches Dunkel. Wenn kein Wind Unruhe verbreitet, leuchtet sie stetig und klar. Verweilen Sie eine Zeit lang bei diesem Bild.

→ Schließen Sie die Augen. Visualisieren Sie dieses Licht im Herzpunkt. Lassen Sie Atem und Gedanken ruhig werden, sodass dieses innere Licht frei von jeder Regung still und stetig leuchtet. Prägen Sie sich das Bild tief ins Bewusstsein ein.

→ Wenn es verblasst, öffnen Sie die Augen und nehmen das äußere Bild wieder wahr. Kehren Sie aber immer wieder zu dem inneren Bild zurück, und ruhen Sie in der Gewissheit, dass dieser lichte Herzpunkt in Ihnen immer ungetrübt ist.

Das Herzenslicht, der Mittelpunkt unseres Selbst, bleibt auch dann hell und leuchtend, wenn es manchmal von den dunklen Schwaden unserer Kümmernisse verdeckt wird. Wenn Sie diese Übung regelmäßig durchführen, können Sie das Licht zu einem hilfreichen Thema in Ihrem Leben machen und Sie inspirieren lassen!

Weisheit
gewinnen durch lebenslanges
Lernen

Im Laufe unseres Lebens eignen wir uns sehr viel Wissen an – einiges davon eher als »Muss«, zum Beispiel wenn wir in der Schule oder für die Ausbildung lernen. Dieses Wissen dient der Allgemeinbildung und ist fürs Berufsleben von Bedeutung. Wenn aber das Lernenmüssen vorbei ist, sollte an dessen Stelle das Lernenwollen treten, denn der Geist ist wie ein Werkzeug, das gepflegt sein will. Wir sind gefordert, ihn immer wieder zu »schmieren«, indem wir etwas lernen. Das sollte ein Bestandteil des Lebens sein, wenn wir geistig fit und flexibel bleiben und wachsen wollen. Aber was sollen wir lernen? Wir müssen uns kein neues Fachwissen aneignen oder irgendetwas Komplexes oder Neuartiges lernen. Wir sind lediglich gefordert, ein Leben lang Schülerin oder Schüler zu sein – das heißt, vom Leben zu lernen und aus unseren Erfahrungen Weisheit zu entwickeln.

4

Erkenntnis schenkt Gelassenheit

Es ist eine der exklusiven Fähigkeiten des Menschen, Weisheit erlangen zu können. Weisheit ist das, was wir aus Erfahrungen ernten, wenn wir aus ihnen lernen. Sie ist unsere persönliche Erkenntnis. Niemand kann sie uns nehmen, weil sie unser eigenes, tiefstes Wissen ist. Wir müssen sie auch niemandem aufzwingen. Manche sagen zum Beispiel, es gibt einen Gott, andere aber meinen, es gibt keinen. Wichtig ist nicht, wer hier recht hat oder mehr weiß, sondern dass wir mit Gelassenheit unsere eigene Überzeugung vertreten und dabei die Meinung des anderen tolerieren. Das ist weise.

> Um **glücklich** zu sein,
> müssen wir innerlich **im Frieden** sein.
> Der innere Frieden entsteht,
> wenn wir uns **unserer selbst bewusst** sind.
> Für die Bewusstwerdung des Selbst
> ist **Reflexion** notwendig.

[Bhagavadgita 2.66]

Nur wer Weisheit entwickelt, kann mit seiner Vergangenheit gelassen umgehen. Wenn wir aus Erfahrungen lernen, können wir auf angenehme Erlebnisse zurückschauen, ohne sie unbedingt wiederholen zu müssen, wenn das eigentlich unrealistisch ist – und wir können unangenehme Erfahrungen betrachten, ohne darunter zu leiden. Mithilfe der Erkenntnisse, die wir aus unseren Erfahrungen gewinnen, können wir die Vergangenheit ruhen lassen. Durch Selbstreflexion bleiben wir lebenslängliche Schüler in Sachen Weisheit.

Wer weise ist, ruht in sich und muss niemanden davon überzeugen, dass er recht hat. Folglich empfindet er andere Menschen nicht als Bedrohung. Er ist sich seiner Stärke bewusst und kann alle Lebewesen als gleichwertige Geschöpfe betrachten. Solch eine Toleranz ist laut der Yogalehre sehr weise. Wir können dann unsere Überzeugungen und Motivationen ausdrücken, ohne verbissen zu wirken. Weil jeder durch Erfahrung weise werden kann, nicht nur Gelehrte oder Meister, können wir von den unterschiedlichsten Menschen lernen.

Weisheit kann uns überall begegnen

Neulich machte ich eine lange Wanderung entlang der südindischen Küste, um unter anderem über meine berufliche Zukunft in Europa nachzudenken. Eines Tages begegnete ich in einem Dorf einer Gemüseverkäuferin, die mühsam versuchte, ihren Korb voller Gemüse vom Boden zu heben und auf den Kopf zu setzen. (In Indien tragen alle Verkäufer auf dem Lande ihre Ware in einem Korb auf dem Kopf und bieten sie im Gehen zum Verkauf an). Ich half ihr, sie bedankte sich, und wir gingen ein paar Schritte gemeinsam. »Du scheinst schwierige Gedanken zu wälzen«, sagte sie. »Ja, ich habe viele berufliche Verpflichtungen und wünschte, ich könnte davon einiges abgeben, um mir das Leben zu erleichtern. Dann käme ich endlich mehr zu mir.« »Und warum machst du das nicht einfach?« »Ich weiß nicht, es fällt mir irgendwie schwer!«, sagte ich. »Hey, kleiner Bruder!«, sagte sie (dabei war sie um einiges jünger als ich). »Noch nie gehört, dass man eher zu sich kommt, wenn man das Leben leicht nimmt?! Starr nicht auf deine Aufgaben, sondern schau auf dich selbst – dann lebst du automatisch leichter! Ich schleppe jeden Tag dieses Gewicht auf dem Kopf herum und spüre es doch nicht dauernd.«

Da wurde mir plötzlich klar: Wenn ich der eigenen Kraft mehr vertraue, kann ich auch meine Bürde besser tragen! Wer bei sich bleibt, lebt glücklicher. Wie viel Lebensweisheit steckte in den Worten dieser einfachen Frau, die vielleicht eine Analphabetin war!

Schöpferkraft –
das Leben an sich feiern

Eine Familie zu gründen und Kinder zu zeugen, ist die ursprünglichste Form von Kreativität und ein wunderbares Bekenntnis zum Leben. Das Thema Familie ist allerdings für viele Menschen mit Verletzungen und großen Schmerzen verbunden. Es kann sie sehr in der Entfaltung ihrer Persönlichkeit hemmen. Wenn wir uns aus unseren familiären

Verstrickungen lösen, fällt es uns leichter, unsere eigene Kraft zu spüren und unsere eigenen Wünsche anzugehen. Dies wird wunderbar in der folgenden indischen Geschichte geschildert.

Weisheitsgeschichte

Zehn gute, etwas einfältige Freunde machten sich zu Fuß auf eine lange Reise. Eines Tages, als ein starkes Unwetter aufkam, legten sie sich unter einem schützenden Dach nieder, hielten sich ängstlich aneinander fest und schliefen schließlich ein. Als sie aufwachten, war das Unwetter vorbei – aber wehe! Ihre Gliedmaßen waren so ineinander verschlungen, dass sie nicht mehr wussten, wie sie sich voneinander lösen sollten. Zum Glück kam eine Verkäuferin von Armreifen vorbei, die sie um Hilfe baten. Die Verkäuferin erkannte die Lage, zerbrach einen ihrer Glasarmreifen und stach in jedes Bein und jeden Arm. Schlagartig wusste jeder, welche Glieder zu ihm gehörten!

Familie kann ein großes Wirrwarr in unserer Psyche verursachen, unsere Selbstständigkeit ausbremsen und uns von wesentlichen Vorhaben im Leben ablenken. Dennoch ist es schade, dass das Familiengefühl so nachgelassen hat – eine traurige Nebenwirkung der europäischen Entwicklung, die den Menschen zwar viel persönliche Freiheit gebracht hat, aber zugleich auch manch Wertvolles nimmt.

Das Thema Familie verletzt, weil es dabei oft nur um Recht, Neid und Besitz geht. Wenn wir die Familie aus dieser Perspektive betrachten, wimmelt es nur so von Ungereimtheiten und Unschönem. Da fragt man sich manchmal, warum Familie überhaupt so eine starke Rolle in unserer Seele spielt. Trotz allem aber bleibt das Thema wichtig für die Entwicklung der Persönlichkeit. Wenn wir unser Selbstvertrauen stärken wollen, ist ein hilfreicher erster Schritt, die Beziehung zu unseren Eltern und Kindern so weit zu klären, dass wir sie als TEIL VON UNS und unserer Existenz sehen und ihre Unvollkommenheit akzeptieren können. Der wichtige zweite Schritt besteht darin, unser Interesse am Thema Familie zu einem INTERESSE AN ALLEN MENSCHEN UND LEBEWESEN auszuweiten. Dabei sollten wir das Warum und Wieso der Familienthemen, die Wut oder Minderwertigkeitsgefühle hinter uns lassen und üben, in größeren Zusammenhängen zu denken und alle Menschen und Lebewesen als unsere Familie zu betrachten. Das kann uns helfen, aus alten Verstrickungen herauszutreten und auch die engsten Verwandten einfach als Mitmenschen zu betrachten. Diese geistige Unabhängigkeit vermag unserem Selbstbewusstsein und Selbstvertrauen einen großen Schub zu geben und die Verwirklichung unserer innigsten Wünsche voranzutreiben. Wie aber können wir das Interesse für die Themen »Menschen« und »Lebewesen« ausbilden? Schauen wir uns dieses Zitat an:

> **Selbst** wenn ich wüsste,
> dass morgen die Welt **untergeht,**
> würde ich heute noch ein **Apfelbäumchen** pflanzen.

[Martin Luther zugeschrieben | 1483–1546]

Sind wir da nicht ganz nah an der schöpferischen Kraft des Menschen? Spricht aus diesem Eifer nicht ein großartiges Vertrauen ins Leben an sich? Neues Leben zu erschaffen und Kinder aufs Leben vorzubereiten – das ist ja der ursprüngliche Sinn des Familienlebens. Die Nachkommen halten die Familie kreativ und lebendig und schweißen zudem die Menschen innerhalb einer Familie zusammen. Das mag altmodisch klingen, aber es geht hier darum, dass wir das Phänomen »Leben« und »Lebewesen« würdigen. Wenn unser Herz groß ist, müssen es nicht einmal die »eigene« Familie oder der »eigene« Nachwuchs sein, sondern wir können uns für alle Nachkommen interessieren, denen wir im Leben begegnen, und uns über deren Gedeihen und über das Phänomen »Leben« freuen. Genau genommen müssen es nicht mal Menschenkinder sein, denen wir unser Herz öffnen. Tiere, Bäume und Pflanzen gehören ebenso zu den Lebewesen. Deren Entstehen und Gedeihen kann unser Auge und Herz ebenso erfreuen und unserem Dasein mehr Sinn geben. In diesem Kontext sollten wir das Zitat von Martin Luther verstehen. Es ist eine positive und wundervolle Bejahung des Lebens.

Der Sinn des Lebens ist das Leben selbst

Viele Jahre lang kamen zwei Freundinnen mittleren Alters in meinen Yogaunterricht. Beide lebten allein, getrennt von ihren Partnern. Das Leben der einen Frau änderte sich komplett, als ihr Sohn ein Kind bekam und sie sich als Großmutter engagierte. Richtig entzückt war sie von dem Enkelkind. Ihr Leben bekam eine neue Bedeutung, und sie wurde viel selbstbewusster.

Die andere Frau tat indes etwas Unerwartetes. Die Verwandlung ihrer Freundin bewegte sie, und während ich noch hoffte, dass sie nicht neidisch auf die Freundin würde, belehrte sie mich eines Besseren. Sie ließ sich von der Begeisterung ihrer Freundin anstecken. »Das Wachstum von Lebewesen zu beobachten, ist eine direkte Übung, um Liebe zu entwickeln«, hatte sie im Yoga gelernt. Sie begann, sich für Bonsais zu interessieren, besuchte Seminare und holte sich die ersten Zwergbäume in ihre kleine Stadtwohnung. Bald hatte sie verschiedenste Bäumchen auf ihrer Terrasse stehen, einschließlich Zitronen-, Oliven- und Apfelbäumen. Sie pflegte das Hobby mit großem Enthusiasmus und wurde bald zur Expertin. Heute arbeitet sie ehrenamtlich in einem Bonsaizentrum und berät dort die Kunden. So gab die Entfaltung ihrer Kreativität ihrem Leben einen neuen Sinn.

Das Herz
weist uns den Weg
ins Glück

Jeder von uns ist ein Individuum und muss einen persönlichen Weg zum Glück finden. Der persönliche Weg ist der sicherste von allen Wegen und der schnellste zum Glück. Er wird auch zu einem spirituellen Weg, wenn er uns dahin führt, dass wir auf die Frage »Wer bin ich?« eine selbstständige Antwort geben können und mehr Selbstvertrauen finden. Diese Frage führt uns aus Zweifeln heraus zu unserem Herzen. Eine Antwort kann uns kein anderer geben. Religionen, Philosophien und weise Menschen können uns zwar dazu inspirieren, die Antwort zu suchen, aber finden müssen wir sie allein. Die Stille zu suchen und sie genießen zu lernen, ist dafür der beste Weg. Sie wird uns dazu inspirieren, uns selbst zu begegnen und auf unser Herz zu hören. Es kommt nicht darauf an, dass wir eine klare Antwort auf die Frage bekommen, sondern dass wir immer wieder üben, sie zu stellen und dabei in uns hineinzuhorchen. Es ist keine schwierige oder beängstigende Aufgabe, für die wir Hilfe brauchen. Wir können uns ihr jederzeit in den eigenen vier Wänden, in denen wir uns sicher fühlen, widmen.

4

Weisheitsgeschichte

Ein Schüler ging zu einem Meister und fragte ihn nach dem Weg zur Selbsterfahrung. Der Meister nahm einen Stock und schlug auf ihn ein.
Die anderen Schüler waren entsetzt und fragten ihn, warum er das getan habe. »Der Tölpel! Er selbst ist der Weg, jetzt spürt er ihn«, antwortete der Meister.

ÜBUNG

Still werden und dem Herzen lauschen

→ Setzen Sie sich auf einen Stuhl oder ein Sitzkissen, nachdem Sie dafür gesorgt haben, dass niemand Sie stören kann und nichts Sie ablenkt. Stellen Sie einen Kurzzeitwecker auf 10 Minuten ein.

→ Richten Sie Ihren Oberkörper auf, senken Sie das Kinn leicht, und lassen Sie die Schultern sinken. Lassen Sie Ihren Atem ruhig werden. Wenn Gedanken aufkommen an das, was Sie noch erledigen müssen, was Sie derzeit beschäftigt oder interessiert, ärgern Sie sich nicht, sondern lassen Sie sie los.

→ Legen Sie die Fingerspitzen beider Hände an den Herzpunkt (Seite 150), und lassen Sie die Ellbogen entspannt sinken. Von diesem Punkt ausgehend, richten Sie Ihren Körper sanft auf. Atmen Sie ruhig und entspannt weiter. Steigern Sie die Aufrichtung achtsam, aber nur so weit, dass der Atem noch frei fließen kann.

→ Schließen Sie die Augen, und verweilen Sie einfach ruhig atmend, ohne zu erwarten, dass irgendetwas geschieht – locker und geduldig. Immer dann, wenn Sie abgelenkt werden, fokussieren Sie Ihre Wahrnehmung auf den Herzpunkt. Er ist nicht nur die Mitte zwischen dem Bauchnabel und der Halsgrube, sondern auch die genaue Mitte zwischen Gesäß und Scheitel. Er ist Ihre eigene Mitte. Prägen Sie sich diesen Punkt ein, und verbinden Sie sich mit ihm.

Diese Mitte gibt Ihnen jederzeit Kraft und Stabilität! Im Laufe des Übens werden Sie zu einer entspannenden Balance zwischen aufrechter Körpermitte und weichem Herzpunkt finden. Geben Sie sich innerlich diesem Punkt hin.

Wenn es für unsere tiefste Seele und deren Wünsche einen Ort gibt, dann ist es dieser Herzpunkt. Er ist Ihr innerer weiser Kern. Er allein kann die Antwort geben auf die Frage nach Ihrem Weg zum Glück. Diese Übung wird Ihnen helfen, sich immer wieder Ihrem inneren Kern zuzuwenden, sodass Sie Ihre Wünsche in sich ruhend und gelassen verfolgen können. So entwickeln Sie Ihr ganzes Potenzial!

Als eine der letzten Lehren der Bhagavadgita sagt Krishna zu seinem Schüler Arjuna: »Das Göttliche ist im Herzpunkt aller Menschen zu Hause und beeinflusst von dort aus sein gesamtes Tun.« (18.61)

Ist der Mensch ein Abbild Gottes, so zeigt sich diese Ähnlichkeit vor allem im Herzpunkt. Um den Funken der schöpferischen Kraft in uns zu finden, wird uns geraten, zu eben diesem Punkt zu kommen. Unser Denkvermögen ist ein Werkzeug. Es kann eingesetzt werden, um über Fragen zu reflektieren und Lösungen zu finden. Unsere innersten Fragen aber wollen nicht beantwortet, sondern in der Stille erhört und angenommen werden. Das geht nur, wenn wir das Herz sprechen lassen. Wenden Sie sich Ihrem Herzen intensiv zu, und stellen Sie aus ihm heraus die Frage aller Fragen: »Wer bin ich?« Das Ergebnis wird keine Antwort sein, die neue Fragen aufwirft. Im Gegenteil, es wird uns helfen, die innere Gewissheit zu finden, in der wirkliche Stille entstehen und jede Frage zum Schweigen kommen kann. So werden wir nachhaltiges Selbstvertrauen entwickeln.

Lassen Sie sich inspirieren!

Alle fünf Wege, die ich Ihnen hier vorgestellt habe, können Ihnen helfen, Ihrer eigenen kreativen Kraft zu vertrauen. Wenn Ihnen einige dieser Themen vertraut sind, widmen Sie sich ihnen weiterhin. Wenn einige für Sie neu sind, denken Sie über diese nach, und finden Sie eine Möglichkeit, sie in Ihr Leben zu integrieren. Dadurch werden Sie nicht nur die Erfüllung Ihrer Wünsche viel souveräner vorantreiben können, sondern auch Ihr Selbstwertgefühl wird deutlich wachsen!

Lass deine Erwartungen los!

5

→ Gib dich der wahren Freiheit hin! Nur wer Angst hat, klammert sich an etwas. Der Glückliche lässt los! Wünsche dir alles und erwarte nichts! Und werde reich beschenkt! Das wird dir gelingen: Unternimm das Leben wie eine abenteuerliche Reise, und bleib offen für Unerwartetes, statt dich auf ein bestimmtes Ziel zu fixieren. Dann werden dir Glück und Erfüllung sicher zuteil.

So erfährst du
wahre Freiheit

Stellen Sie sich vor, Sie sitzen im Kino, der Film ist sehr spannend, und gerade läuft eine Szene, die Ihnen Angst macht. Sie krallen sich vor Aufregung fest – am Partner, am Sitz, am eigenen Körper … Wenn nun eine schöne, angenehme Szene folgt, können Sie körperlich loslassen, die Finger entkrampfen und sich entspannt im Kinosessel zurücklehnen. Angst und Glück wirken völlig gegensätzlich auf den Körper! Das zu wissen ist wichtig fürs Wünschen.

Was treibt Sie dabei an: die Angst oder die Vorfreude? Streben Sie nach Gesundheit, weil Sie Angst vor dem Kranksein haben oder weil Sie sich einfach rundum wohlfühlen möchten? Wollen Sie den höheren Posten in Ihrem Beruf, weil Sie nicht als Verlierer dastehen möchten, oder möchten Sie wirklich mehr aus sich machen? Wünschen Sie sich die zärtliche Zuwendung eines geliebten Menschen, weil Sie sich allein langweilen oder weil Ihnen das Glück des zärtlichen Austauschs wichtig ist? Wenn Sie sich DIE GLÜCKLICHEN ASPEKTE IHRES TUNS immer bewusst machen, können Sie besser loslassen und sind eher bereit, das Glück zu empfangen!

Wie können Sie im Alltag lernen, Ihre Wünsche loszulassen und so den Raum zu schaffen dafür, dass sie wahr werden können? In diesem Kapitel stelle ich Ihnen fünf mögliche innere Einstellungen vor, die alle helfen werden, Wünsche ohne Erwartungsdruck zu verfolgen.

1 Fixiere dich auf den Wunsch, nicht auf das Ziel!
2 Befreie dich von Erwartungen!
3 Unternimm das Leben wie eine Reise!
4 Sei offen für das Glück der Erfüllung!
5 Glück kommt von allein, hilf ihm nicht nach!

Fixiere dich auf den Wunsch, nicht auf das Ziel!

Zielstrebigkeit ist wie ein Gebäude, in dem an jeder Art von Erfolg gebastelt werden kann. GELASSENHEIT entspricht in diesem Bild den Türen und Fenstern, durch die Licht und Wind und Frische ins Haus gelangen, die den Erfolg mitbringen! Wer ganz auf das Ziel fixiert ist, neigt dazu, seine Sache blind zu vertreten, und wirkt so nicht unbedingt überzeugend auf andere. Damit verspielt er den Erfolg, ähnlich wie der Junge in der folgenden Geschichte:

Weisheitsgeschichte

Ein kleiner Junge wollte unbedingt eine Spieltrommel haben. Er ließ seinen Vater nicht in Ruhe. »Ich habe jetzt kein Geld dafür«, sagte der Vater und versuchte, ihn von seiner Idee abzubringen. Der Kleine gab jedoch nicht auf und probierte es bei der Mutter. »Pass mal auf, Junge. Es geht nicht ums Geld. Wenn du die Trommel bekommst, wirst du sie dauernd spielen, und wir werden mit den Nachbarn Ärger bekommen.« »Mach dir keine Sorgen, Mama, ich werde so spielen, dass niemand gestört wird«, versprach der Junge. »Das geht doch gar nicht«, sagte die Mutter. »Doch, doch, ich werde dann spielen, wenn alle schlafen!«

Genau das passiert, wenn wir uns blind auf etwas fixieren. Wir verlieren den Bezug zur Realität. Führt uns nicht die heutige Finanzwelt genau das vor Augen? Mit der Idee, ihr Geld auf bequeme Weise zu vermehren, investieren es Menschen in Aktien und anderen Anlagen, ohne zu überblicken, was sich international in der Wirtschaft tut. Hinterher bleibt für viele nichts von dem Traum der wunderbaren Geldvermehrung übrig – und auch nichts von ihrem Startgeld.

5

>> Wo man **am meisten** drauf erpicht,
gerade das bekommt man **nicht.** <<

[Wilhelm Busch | 1832–1908]

Hier noch ein Beispiel aus meinem Leben, das zeigt, wie uns zu große Zielstrebigkeit am Ende schaden kann: Vor vielen Jahren beschloss ich, ein Haus zu bauen, weil man uns die Wohnung gekündigt hatte. Mein oberstes Ziel war, das Haus in möglichst kurzer Zeit hochzuziehen, denn je weniger Zeit ich in die Bauaufsicht steckte, umso mehr Zeit würde ich haben, um das Geld für die Baukosten zu verdienen. Ich engagierte viele Handwerker und sorgte entschlossen dafür, dass alles dem Bauzeitplan gemäß zügig erledigt wurde. Das Haus war wie gewünscht zum geplanten Zeitpunkt fertig. Es stellte sich allerdings bald heraus, dass das Gebäude erhebliche Mängel hatte. Ich zog zwar pünktlich ins neue Heim ein, musste dann aber viel Zeit und Arbeit investieren, um alle Probleme zu lösen. Das war eine bittere Lektion für mich. Ich lernte jedoch dadurch, dass es sich nie lohnt, auf ein gewünschtes Ziel zuzupreschen, ohne sich um die Realität zu scheren.

Befreie dich von Erwartungen!

Eine Geschichte ist spannend, wenn wir nicht voraussagen können, wie sie zu Ende geht. Ein sportlicher Wettkampf begeistert uns besonders dann, wenn die Gegner wirklich ebenbürtig sind und bis zum Schluss unklar ist, wer gewinnen wird. Als junge Menschen lassen wir uns gerne auf ein Abenteuer ein, weil alles ungewiss und deshalb herrlich aufregend ist. In solchen Situationen genießen wir vollkommen glücklich den Moment und sind dem Ergebnis gegenüber offen. Sich von Erwartungen zu befreien, heißt, wirklich frei zu sein.

Ganz anders ist es bei jeder Unternehmung, an die wir feste Erwartungen knüpfen. Dann starren wir gebannt auf das Ergebnis, fiebern ihm ängstlich entgegen und können die Gegenwart nicht genießen. Wenn das Erwartete schließlich eintrifft, sind wir erschöpft von der ganzen Anspannung – und wenn es nicht eintrifft, sind wir frustriert. Die Bhagavadgita lehrt uns, dass es nicht die Taten selbst sind, die zu unerwünschten Verwicklungen führen, sondern dass es unsere Erwartungen sind. Die Erwartung ist oft wie ein Schloss, mit dem wir die Tür zu unserem Glück verriegeln.

Hoffnung statt Anspruch hält flexibel

Das Leben birgt sehr viel Unerwartetes und lässt sich nicht nach Schulmeisterart regeln. Eine Erwartungshaltung führt oft zu Frustration, Wut oder Unglück. Es ist deshalb klüger, feste Vorstellungen loszulassen und mehr die Hoffnung zu pflegen. DIE HOFFNUNG GEHT EINHER MIT DER DEMUT, dass wir das Ergebnis nicht in der Hand haben. Sie gibt Raum für mehr Flexibilität. Wenn wir ein Kind erwarten, ist es durchaus angemessen, zu hoffen, dass es ein gesundes Kind wird. Aber zu erwarten, dass es ein Junge oder Mädchen wird und diese oder jene Begabung mitbringt, ist nicht nur unrealistisch, sondern sogar unethisch. Und es wird höchstwahrscheinlich in einer Enttäuschung enden.

Ob wir einen Wunsch haben oder den Anspruch, dass der Wunsch in Erfüllung geht, ist ein subtiler Unterschied. Der Wunsch stimmt uns optimistisch, der Anspruch auf Erfüllung aber rechthaberisch. Deshalb empfinden wir die ANSPRUCHSHALTUNG eines anderen als unangenehm. Die meisten Probleme in Beziehungen entstehen durch die gegenseitigen Erwartungen, sei es unter Freunden, bei Paaren oder Eltern-Kind-Beziehungen. Immer wenn wir eine Erwartung damit verknüpfen, ist Hingabe nicht wirkliche Hingabe, Liebe nicht Liebe, Geschenk nicht Geschenk und Freundschaft nicht Freundschaft.

5

»» Wer aufhört, **Erwartungen** zu haben,
wird seine **Angst** vor der Welt verlieren,
und ihm wird sich eine **angstfreie Welt** präsentieren. ««

[Bhagavadgita 12.15]

Die Erwartung ist eine Fessel. Erst wenn wir uns von ihr befreien, werden wir zu tiefen Gefühlen fähig. Vertrauen wir mehr auf die Kraft des Wünschens, dann schwinden unsere konkreten Erwartungen! Das dient nicht nur der Wunscherfüllung, sondern verbessert auch das tägliche Miteinander.

Unsere Kinder werden uns ewig dankbar sein, wenn wir ihnen nicht die Last unserer Erwartungen aufbürden, sondern sie als freie Menschen die Welt entdecken lassen. Mit guten Wünschen jedoch können wir unser liebevolles Interesse und unsere Anteilnahme an ihrem Leben bekunden. Wenn ein Kind erwachsen wird, das Zuhause verlässt und eigene Wege geht, sind wir erst recht gefordert, nichts von ihm zu erwarten. Wenn uns das gelingt, werden wir uns viel freier und wohler fühlen und das Glück, Eltern zu sein, genießen.

Unternimm das Leben wie eine Reise!

Stellen wir uns vor, wir reisen in einer Kutsche mit einem erfahrenen und vertrauenswürdigen Kutscher, der immer den richtigen Weg für unsere Reise findet. Als Fahrgast können wir unseren eigenen Interessen und Aufgaben nachgehen und es dem Fahrer überlassen, die Ziele zu erreichen. Ob dabei all die persönlichen Dinge, die wir im Wagen tun, so gelingen, wie wir uns das vorstellen, oder nicht – wir wissen, dass wir auf der Reise sicher vorankommen.

Vertrauensvoll Fahrgast sein

Im Grunde sind wir alle Fahrgäste auf einer solchen Reise. Der Wagenlenker ist das große Prinzip, das wir die Natur, die göttliche Kraft oder die Bestimmung nennen. Wenn wir darauf vertrauen, dass sie uns immer weiterbringt, können wir uns gelassen unseren Aktivitäten widmen, von den vielen kleinen unerfüllten Erwartungen absehen und lernen, sie loszulassen. Die Erfüllung finden wir dann in dem, was wir gerade machen.

Das Schöne am Urlaub ist deshalb auch nicht primär die Freiheit von der Arbeit, sondern das Lebensgefühl, unterwegs zu sein. Wenn wir überall und jederzeit zu diesem Lebensgefühl finden, werden wir entspannter, glücklicher und selbstsicherer. Dann wird uns deutlich, dass im Leben wie auf Reisen nicht das Ergebnis das Wichtigste ist, sondern dass wir es genossen haben! Davon erzählt die folgende Geschichte.

Weisheitsgeschichte

Ein Meister lag auf dem Sterbebett. Die Schüler umringten ihn, fragten ihn nach seinem Befinden und baten ihn um eine letzte Belehrung. »Mir ging es nie so großartig wie jetzt, ich war noch nie so glücklich, noch war ich je so verliebt wie in diesem Augenblick«, sagte der Meister und fügte nach einer Pause hinzu: »Noch nie habe ich so gelogen wie jetzt.« »Genug des Spaßes, Herr Meister«, mahnte ihn sein engster Schüler. »Jetzt hole mir eine Süßigkeit«, sagte der Meister zu ihm. Er aß die Süßigkeit langsam, hauchte leise: »Noch nie hat sie mir so gut geschmeckt!«, und verließ seinen Körper.

Der Meister führt vor, wie er jeden Moment seines Lebens entspannt auskostet. Wir als Schüler können lernen, dass ihm Glück beschert wird, weil er sogar seine letzte Unternehmung wie eine Reise antritt.

5

Kleine Reisen ins Ungewisse ...

Als ich jung war, führte mich einer meiner Lieblingsausflüge in den Friseursalon. Nie konnte ich sicher sein, wie das Ergebnis ausfiel. Ich liebte es aber, auf dem großen, bequemen Stuhl zu sitzen, unter dem riesigen Tuch, das man mir umhängte, zu verschwinden und dann fasziniert die geschickten Hände des Friseurs zu beobachten. Wenn am Ende der Haarschnitt nicht genau meinen Vorstellungen entsprach, war ich trotzdem zufrieden, denn ich hatte ja die Hingabe an den Moment und das Geschehen und die Spannung sehr genossen. So war der kurze Ausflug immer wie eine richtig schöne Reise!

Sei offen für das Glück der Erfüllung!

Erwartung und Glück stehen im Widerspruch zueinander. Denn Glück nennen wir etwas, das unerwartet kommt. Wollen wir das Glück erleben, dass unser Wunsch in Erfüllung geht, so müssen wir das Unerwartete zulassen – das bedeutet, ständig offen zu sein. Wünsche gehen dann in Erfüllung, wenn wir ganz offen dafür sind, dass es passiert. Ist die Tür unseres Hauses normalerweise geschlossen, werden wir sie nur öffnen, wenn angekündigter Besuch kommt. Sind unsere Türen jedoch immer offen, kann auch der Unangekündigte jederzeit herein. Lassen Sie uns deshalb versuchen, jeden Tag als einen Tag der offenen Tür zu feiern!

Offen zu sein, bedeutet, dass wir ohne Angst und Vorurteil die Dinge empfangen, die auf uns zukommen, und ALLE ERFAHRUNGEN ANNEHMEN. Die sogenannten negativen oder unangenehmen Erfahrungen sind nicht das Gegenteil von Glück oder vom ersehnten Wunsch, sondern gehören einfach zum Leben dazu. Denn Glück zu haben, bedeutet ja nicht, dass wir nicht auch Pech haben dürfen. Durch eine solche Haltung werden wir inneren FRIEDEN FINDEN und Offenheit entwickeln gegenüber allem, was auf uns zukommt – so wie das große Meer, in das die Flüsse münden. Lassen Sie uns an dieser Stelle das Bild des Ozeans betrachten. Es kann uns helfen, unsere Wünsche loszulassen, um für das Glück bereit zu sein.

Der Ozean

Dort, wo die mächtigsten Flüsse der Welt ins Meer münden, kann man etwas Interessantes beobachten: Unmengen von Wasser fließen in den Ozean, aber sie haben kaum einen Einfluss auf ihn. Die ganzen Wassermassen breiten sich an der Oberfläche aus, ohne sie sichtbar zu verändern, und sinken dann in die Tiefe des Ozeans hinab. Der Ozean hält einiges aus. Er bleibt als Einheit bestehen, seine Eigenschaften ändern sich nicht, obwohl so viele verschiedene Wasser in ihn hineinfließen. Er ist lebendig und empfängt alles vorbehaltlos. Dabei wird er weder größer noch kleiner noch besser noch schlechter.

Können wir all die Informationen und Reize, die auf uns eindringen, so wie das Meer aufnehmen, ohne gereizt zu reagieren? Können wir alle Einflüsse hinnehmen, ohne uns aus unserer Mitte bringen zu lassen? Wenn wir wie das Meer die Größe besitzen, in uns zu ruhen, wird es uns sicher gelingen, ohne Gier oder Abwehr die Reize kommen, bestehen und allmählich vergehen zu lassen.

5

Die großen Flüsse fließen ins Meer,
ohne das Meer aufwühlen zu können.
Genauso fließt alles Begehrenswerte in den Weisen,
ohne ihn aus dem Gleichgewicht zu bringen.

[Bhagavadgita 2.70]

Glück kommt von allein, hilf ihm nicht nach!

Glück zu erlangen, ist unser allergrößter Wunsch, der hinter sämtlichen anderen Wünschen steht und uns antreibt. Wunscherfüllung muss erarbeitet werden, Glück aber nicht. Doch schon das Gefühl, Wünsche zu haben, macht glücklich, nicht erst deren Erfüllung, denn wir leben in der Fülle, wenn wir Wünsche haben, und in der Leere, wenn wir keine haben. Wer nicht verkümmern, sondern lebendig sein will, bleibt an seinen Wünschen dran. Der Ausdruck »wunschlos glücklich« ist irreführend, denn wir sind erst dank unserer Wünsche glücklich. Die richtige Formulierung wäre »erwartungslos glücklich«.

WÜNSCHEN SIE SICH ALLES – ABER ERWARTEN SIE NICHTS. Wenn Sie sich für Ihre Wünsche eingesetzt haben, wird das Glück von allein kommen. Das Leben ist in Bewegung, das Glück auch. Wie ein Engel schwirrt es stets um uns her und sucht nur die Offenheit und Gelassenheit, auf der es landen kann. Wenn wir gelassen innehalten, wird die sehende Instanz in uns wach und das Glück wahrnehmen. Und wenn Sie es am allerwenigsten erwarten, wird es zu Ihnen kommen! Machen Sie in diesem Bewusstsein die Übung auf Seite 171.

Das Potenzial der unerfüllten Wünsche

Es ist Konsumdenken, zu meinen, alle Wünsche müssten sichtbar und mittelbar als Teil der eigenen Biografie erfüllt werden. Wünsche zu haben, bereichert einfach das Leben! Durch sie nehmen wir es als facettenreicher und interessanter wahr. Wenn manche Wünsche nicht erfüllt werden, weil sie zu fern der Realität sind, können wir sie trotzdem als eine persönliche Zielorientierung betrachten, ohne deren Erfüllung einzufordern. Sie werden dann zu unserem Seelenreichtum gehören und dem Leben neuen Sinn geben können, wenn es sich völlig verändern sollte oder wir eine neue Ausrichtung suchen.

Ü B U N G

Innehalten, loslassen und einfach
nicht das Geringste tun

→ Setzen Sie sich auf einen bequemen Stuhl oder auf eine Decke oder ein Sitzkissen direkt am Boden. Lehnen Sie sich entspannt zurück, am Boden mit dem Rücken gegen die Wand. Lassen Sie sich Zeit, bis der Atem ruhig fließt.

→ Beginnen Sie, sich dort zu entspannen, wo Ihr Körper Kontakt hat. Fangen Sie mit den Füßen an. Lösen Sie jeden unnötigen Druck zwischen Füßen und Boden und zwischen Gesäß und Sitzfläche auf. Lassen Sie in den Fuß- und Kniegelenken und in den Hüften locker. Wo immer die Hände liegen – spüren Sie nach, ob sie entspannt auf dem Körper ruhen. Achten Sie auch darauf, Ihre Bauchdecke nicht anzuspannen, sodass der Atem frei fließen kann. Lassen Sie die Schultern nach hinten-unten sinken.

→ Nun zum Gesicht: Entspannen Sie den Unterkiefer, sodass sich die Lippen voneinander lösen. Lassen Sie die Augäpfel und die Lider tiefer sinken.

→ Richten Sie jetzt Ihre Aufmerksamkeit auf den Rand der Nasenlöcher, dort wo die Raumluft zu »unserem« Atem wird. Nehmen Sie diesen Bereich lediglich wahr, ohne die Luftbewegung genau zu beobachten oder zu beeinflussen. Lassen Sie jede bewusste Aktivität ruhen, und verweilen Sie in der reinen Wahrnehmung mit der Einstellung: »Ich tue nicht das Geringste.«

Das Gefühl der Trennung zwischen »Ihrem« Atem und der Luft »draußen« verschwindet. Der Wind ist der Atem, der Atem ist der Wind. Es windet, es atmet: von allein! Sie müssen gar nichts tun!

Auch im Leben braucht es letztlich nur ganz wenig Zutun von uns. Alles andere wird für uns getan. Darauf können wir uns verlassen! Das gilt nicht nur für die Atemluft, sondern auch für das Glück.

5

Bücher und Adressen, die weiterhelfen

Bücher

Desikachar, T. K. V.: *Yoga – Gesundheit von Körper und Geist. Leben und Lehren Krishnamacharyas.* Theseus Verlag

Desikachar, T. K. V.: *Yoga – Tradition und Erfahrung. Die Praxis des Yoga nach dem Yoga Sutra des Patañjali.* Verlag Via Nova

Fromm, Erich: *Die Kunst des Liebens.* Ullstein Verlag

Hesse, Hermann: *Siddhartha. Eine indische Dichtung.* Suhrkamp Verlag

Nhât Hanh, Thích: *Unsere Verabredung mit dem Leben. Über das Leben im Hier und Jetzt.* Knaur TB

Simon-Wagenbach, Helga: *Vollende, was du bist. Der integrale Weg.* Theseus Verlag

Sriram, Anjali: *Das Geheimnis des indischen Tanzes. Lotosblüten öffnen sich.* Schirner Verlag

Sriram, Anjali und R.: *Heilende Klänge des Veda. Mantras zur Entspannung und Meditation.* Theseus Verlag

Sriram, Anjali und R.: *Yoga und Gefühle. Mit allen Sinnen leben.* Theseus Verlag

Sriram, R.: *Patañjali: Das Yogasutra – Von der Erkenntnis zur Befreiung.* Theseus Verlag

Sriram, R.: *Yoga. Neun Schritte in die Freiheit. Ein Weg zu Gesundheit und Selbstbewusstsein.* Theseus Verlag

Bhagavadgita

Aurobindo, Sri: *Bhagavadgita.* Hinder & Deelmann Verlag

Prabhupada, A. C. Bhaktivedanta Swami: *Bhagavad-Gita. Wie sie ist.* Bhaktivedanta Book Trust (nur antiquarisch oder englisch)

Radhakrishnan, S.: *Die Bhagavadgita. Sanskrittext mit Einleitung und Kommentar.* Bertelsmann/Holle/Löwit Verlag (nur antiquarisch)

... aus dem GRÄFE UND UNZER VERLAG

Daiker, Ilona: *Gelassen wie ein Buddha*

Engelbrecht, Sigrid: *Lass los, was deinem Glück im Weg steht*

Grunert, Detlef/Trökes, Anna: *Das Yoga-Gesundheitsbuch*

Mannschatz, Marie: *Buddhas Anleitung zum Glücklichsein*

Mannschatz, Marie: *Mit Buddha zu innerer Balance* (mit Audio-CD)

Shi Yan Bao/Späth, Thomas: *Shaolin – Das Geheimnis der inneren Stärke*

Trökes, Anna: *Das große Yoga-Buch*

Trökes, Anna: *Die sieben Schätze des Yoga*

Trökes, Anna: *Yoga-Weisheit*

Adressen

Qualifizierte Yogalehrer/-innen in Ihrer Nähe finden Sie über:

BDY – Berufsverband der Yogalehrenden in Deutschland e. V.
Jüdenstraße 37
D–37073 Göttingen
www.yoga.de
www.bdy.de

Yoga Austria – BYO Berufsverband der Yogalehrenden in Österreich
Neustiftg. 14/St.2/II
A–1070 Wien
www.yoga.at

SYG – Schweizerische Yoga-Gesellschaft
Sekretariat
Aarbergergasse 21
CH–3011 Bern
www.syg.ch

Adressen von Lehrern, die der Autor ausgebildet hat, finden Sie auf dessen Website:

R. Sriram
Eichenstraße 39
D–64743 Beerfelden
www.sriram.de
E-Mail: yoga@sriram.de

DIE ÜBUNGEN

Sachregister

Impressum

© 2012 GRÄFE UND UNZER VERLAG GmbH, München. Alle Rechte vorbehalten. Nachdruck, auch auszugsweise, sowie Verbreitung durch Bild, Funk, Fernsehen, Internet, durch fotomechanische Wiedergabe, Tonträger und Datenverarbeitungssysteme jeder Art nur mit schriftlicher Genehmigung des Verlages.

Projektleitung
Ilona Daiker

Lektorat & Satz
Felicitas Holdau

Bildredaktion
Petra Ender

Covergestaltung
Independent Medien-Design, Horst Moser, München

Innenlayout
Independent Medien-Design, Horst Moser, München

Herstellung
Susanne Mühldorfer

Repro
Longo AG, Bozen

Druck & Bindung
Druckhaus Kaufmann, Lahr

ISBN 978-3-8338-2478-4

2. Auflage 2013

GRÄFE UND UNZER

Ein Unternehmen der
GANSKE VERLAGSGRUPPE

Wichtiger Hinweis

Die Ratschläge und Übungen in diesem Buch sind vom Autor und Verlag sorgfältig erwogen und geprüft. Dennoch kann eine Garantie nicht übernommen werden. Sie brauchen psychotherapeutische Hilfe, wenn Sie sich durch die Übungen von Emotionen oder Erinnerungen überwältigt fühlen. Bei ernsthafteren und/oder länger anhaltenden Beschwerden sollten Sie auf jeden Fall einen Arzt oder Heilpraktiker Ihres Vertrauens zurate ziehen. Eine Haftung des Autors und des Verlags für Personen-, Sach- und Vermögensschäden ist ausgeschlossen.

Bildnachweis

Getty: Seite 29, 61, 97; Masterfile: Seite 137; Mauritius: Seite 7, 161; Irene Niessen: Autorenfoto/Außenklappe hinten

Umwelthinweis

Dieses Buch ist auf PEFC-zertifiziertem Papier aus nachhaltiger Waldwirtschaft gedruckt.

 www.facebook.com/gu.verlag

DAS ORIGINAL · GU · MIT GARANTIE

Unsere Garantie

Alle Informationen in diesem Ratgeber sind sorgfältig und gewissenhaft geprüft. Sollte dennoch einmal ein Fehler enthalten sein, schicken Sie uns das Buch mit dem entsprechenden Hinweis an unseren Leserservice zurück. Wir tauschen Ihnen den GU-Ratgeber gegen einen anderen zum gleichen oder ähnlichen Thema um.

Liebe Leserin und lieber Leser,

wir freuen uns, dass Sie sich für ein GU-Buch entschieden haben. Mit Ihrem Kauf setzen Sie auf die Qualität, Kompetenz und Aktualität unserer Ratgeber. Dafür sagen wir Danke! Wir wollen als führender Ratgeberverlag noch besser werden. Daher ist uns Ihre Meinung wichtig. Bitte senden Sie uns Ihre Anregungen, Ihre Kritik oder Ihr Lob zu unseren Büchern. Haben Sie Fragen oder benötigen Sie weiteren Rat zum Thema? Wir freuen uns auf Ihre Nachricht!

Wir sind für Sie da!
Montag–Donnerstag:
8.00–18.00 Uhr;
Freitag: 8.00–16.00 Uhr
Tel.: 08 00/7 23 73 33
Fax: 08 00/5 01 20 54
(kostenfreie Servicenummern)
E-Mail: leserservice@
graefe-und-unzer.de

P.S.: Wollen Sie noch mehr Aktuelles von GU wissen, dann abonnieren Sie doch unseren kostenlosen GU-Online-Newsletter und/oder unsere kostenlosen Kundenmagazine.

GRÄFE UND UNZER VERLAG
Leserservice
Postfach 86 03 13
81630 München